KLASSIKER
DR. OETKER
— VERLAG —
SEIT 1891

ALLERLEI AUS EI

Schnell und einfach lecker

Meine Lieblings-rezepte

DIE DR. OETKER GELING-GARANTIE

UNSER VERSPRECHEN

Liebe Leser*innen,

mit den Rezepten in unseren Koch- und Backbüchern möchten wir Sie und Ihre Lieben glücklich machen. Zum Glück braucht es den Erfolg, und den kaufen Sie mit jedem Dr. Oetker Buch gleich mit.

Dafür gibt es die Dr. Oetker Geling-Garantie. Sie ist unser Versprechen, dass alle Rezepte aus diesem Buch ganz einfach und sicher gelingen. Die Geling-Garantie startet schon bei der Zutatenliste: Alle Zutaten, die wir verwenden, sollten Sie leicht in Ihrem Supermarkt vor Ort einkaufen können. Jeder Zubereitungsschritt ist klar und einfach nachvollziehbar.

Eine Garantie können wir Ihnen aber auch deshalb mit gutem Gewissen geben, weil alle Rezepte dieses Buches von unserem erfahrenen Team entwickelt wurden. Anschließend haben wir jedes Gericht in einer ganz normalen Küche nachgekocht oder nachgebacken. Immer wieder. So lange, bis wir uns sicher waren, dass es gelingt. Und zwar auch bei Ihnen zu Hause.

Was wir versprechen, halten wir auch. Sollte beim Kochen oder Backen eines unserer Rezepte dennoch etwas danebengehen oder Ihnen einfach nicht schmecken, dann lassen Sie es uns wissen. Schreiben Sie oder rufen Sie uns an! Wir werden das Rezept nochmals kritisch prüfen und Ihnen helfen herauszufinden, woran es gelegen haben könnte. Sie erreichen uns unter der Telefonnummer +49 (0) 89 / 5482515-0. Oder schreiben Sie uns eine E-Mail unter: redaktion-oetker@zsverlag.de

Natürlich freuen wir uns aber auch über weitere Rückmeldungen und über Lob. Ihre Ideen, Kommentare und Fragen können Sie jederzeit auch über Facebook posten: www.facebook.com/Dr.OetkerVerlag. Wir sind für Sie da. Garantiert.

Mit herzlichen Grüßen
Ihre Dr. Oetker Redaktion

ALLGEMEINE HINWEISE ZU DEN REZEPTEN

UNSER TIPP

Lesen Sie bitte vor der Zubereitung – besser noch vor dem Einkauf – das Rezept einmal vollständig durch. Oft werden Arbeitsabläufe oder -zusammenhänge dann klarer.

ARBEITSSCHRITTE

Die Zutaten sind in der Reihenfolge ihrer Verarbeitung aufgeführt. Die Arbeitsschritte sind einzeln hervorgehoben, in der Reihenfolge, in der sie von uns ausprobiert wurden.

ZUBEREITUNGSZEITEN

Die angegebene Zubereitungszeit schließt die Dauer der Vorbereitung und die eigentliche Zubereitung mit ein. Sie ist ein Anhaltswert und kann je nach individuellem Geschick oder Übung natürlich ein wenig variieren. Längere Wartezeiten wie zum Beispiel Kühl- oder Abkühlzeiten oder auch Auftauzeit sind in der Regel nicht in der Zubereitungszeit enthalten. Einzige Ausnahme: In dieser Zeit sind parallel andere Arbeitsschritte zu tun. Die Garzeiten sind extra ausgewiesen. Bei einigen Rezepten setzt sich die Gesamt-Garzeit aus mehreren Teil-Garzeiten zusammen.

ZUBEREITUNGSZEIT UND GARZEIT

Die in den Rezepten angegebenen Backofentemperaturen und Garzeiten sind Richtwerte, die je nach individueller Hitzeleistung Ihres Backofens über- oder unterschritten werden können. Prüfen Sie nach Beendigung der angegebenen Garzeit, ob das Gericht/Gebäck gar ist. Die Temperaturangaben in diesem Buch beziehen sich auf Elektrobacköfen. Die Temperatur-Einstellungsmöglichkeiten für Gasbacköfen variieren je nach Hersteller, sodass wir keine allgemeingültigen Angaben machen können. Bitte beachten Sie deshalb bei der Einstellung des Backofens die Gebrauchsanleitung des Herstellers. Ein Backofenthermometer eignet sich dabei gut, um die Backofentemperatur im Blick zu haben.

EINSCHUBHÖHE

In den Rezepten in diesem Buch ist die Einschubhöhe immer dann die Mitte des Backofens, wenn nichts anderes angegeben ist.

HINWEISE ZU DEN NÄHRWERTEN

Bei den Nährwertangaben in den Rezepten handelt es sich um auf- bzw. abgerundete ganze Werte. Aufgrund von ständigen Rohstoffschwankungen und/oder Rezepturveränderungen bei Lebensmitteln kann es zu Abweichungen kommen. Die Nährwertangaben dienen daher lediglich Ihrer Orientierung und eignen sich nur bedingt für die Berechnung eines Diätplans.

ABKÜRZUNGEN UND SYMBOLE

EL	Esslöffel
TL	Teelöffel
Msp.	Messerspitze
Pck.	Packung/Päckchen
g	Gramm
kg	Kilogramm
ml	Milliliter
l	Liter
evtl.	eventuell
geh.	gehäuft
gem.	gemahlen
ger.	gerieben
gestr.	gestrichen
TK	Tiefkühlprodukt
°C	Grad Celsius
ø	Durchmesser

KALORIEN-/NÄHRWERTANGABEN

E	Eiweiß
F	Fett
Kh	Kohlenhydrate
kcal	Kilokalorien

RATGEBER

EIER: IMMER WIEDER ANDERS

Ob gebraten, gekocht, gefüllt oder ‚verloren' – Eierspeisensind vielseitig und schnell zubereitet. Stehen in den Rezepten Eier in der Zutatenliste, sind übrigens immer Hühnereier gemeint. Wichtig ist, sie unversehrt und so frisch wie möglich einzukaufen. Die Gewichtsklasse ist vom Gewicht des einzelnen Eies abhängig:

XL (sehr groß):	73 g und darüber
L (groß):	63 g bis unter 73 g
M (mittel):	53 g bis unter 63 g
S (klein):	unter 53 g

Auf der Eierverpackung befinden sich außerdem weitere Informationen zu:

- Anzahl der Eier
- Name, Anschrift und Kennnummer des Verpackungsbetriebes
- Erläuterung des Erzeugercodes
- Haltungsform – Ökologische Erzeugung, Boden- oder Freilandhaltung
- Mindesthaltbarkeitsdatum – Eier haben vom Legedatum an ein MHD von 28 Tagen
- Verbraucherhinweise: „Nach Ablauf des MHDs durcherhitzen" und „Bei Kühlschranktemperatur aufbewahren".

Stempel: Alle wichtigen Infos auf der Schale

Im Handel oder von Direktvermarktern auf Wochenmärkten werden grundsätzlich nur Eier

der Güteklasse „A" angeboten, trotzdem sollte man beim Einkauf darauf achten, woher die Eier kommen und aus welcher Form der Tierhaltung sie stammen. Eier der Güteklasse „A" tragen alle einen einheitlichen EU-Stempel auf der Schale. Dieser Erzeugercode beginnt mit der ersten Zahl für die Art der Legehennenhaltung:

0 ökologische Erzeugung
1 Freilandhaltung
2 Bodenhaltung
3 Käfighaltung

Dann kommt eine Buchstabenkombination für das Herkunftsland– beispielsweise DE für Deutschland, AT für Österreich, NL für Niederlande oder BE für Belgien. Darauf folgen die Kennnummer (Bundesland), Betriebsnummer und Stallnummer. Beispiel: 1-DE-09-76545 ist ein bayerisches Ei aus Freilandhaltung vom Betrieb 7654 und dem Stall 5.

Frische: Einfacher Schwimmtest

Ein frisches aufgeschlagenes Ei erkennt man am hochgewölbten, kugelig-festen Dotter. Das zähflüssige Eiweiß grenzt sich deutlich davon ab. Bei einem alten Ei ist der Dotter flach und das Ei dünnflüssig. Wenn man nicht sicher ist, wie alt die Eier sind, lässt sich die entstandene Luftmenge für den Frischetest nutzen. Dabei das rohe Ei vorsichtig in ein Glas mit kaltem Wasser legen: Ein frisches Ei bleibt auf jeden Fall am Boden liegen. Ein etwa 7 Tage altes Ei richtet sich leicht auf, weil sich die Luftkammer des Eis vergrößert, je älter es wird. Ein etwa 3 Wochen altes Ei fängt an zu schwimmen.

Ist das Ei roh oder gekocht?

Wenn man nicht mehr weiß, ob sich im Kühlschrank ein gekochtes oder rohes Ei befindet, hilft ein zuverlässiger Test: Einfach das Ei um die eigene Achse drehen. Ein gekochtes Ei dreht sich schnell und gleichmäßig. Beim rohen Ei schlingert der schwerere Dotter und bremst die Drehbewegung.

Trennen ist ganz einfach

Eiweiß und Eigelb werden je nach Rezept nicht immer zusammen verwendet. So wird es getrennt: Das Ei in der Mitte auf einer Kante aufschlagen, Schale auseinanderbrechen und das Eigelb von einer Schalenhälfte in die andere gleiten lassen. Dabei das Eiweiß in einem darunter stehenden Gefäß auffangen. Noch leichter geht es mit einem Eitrenner. Das aufgeschlagene Ei hineingeben, das Eiweiß. läuft durch eine Rinne ab und das Eigelb bleibt in der Mulde liegen.

Eischnee: ganz locker bleiben

Der luftige weiße Traum ist als Lockerungsmittel unter anderem für Soufflés, Puddige, Cremes und Kuchen unentbehrlich. Schön weiß und fest sollte Eischnee sein. Voraussetzung dafür ist sauber vom Eigelb getrenntes Eiweiß; schon kleine Spuren von Eigelb verhindern, dass Eischnee fest wird. Je frischer und kühler ein Ei ist, desto besser lässt es sich trennen und umso steifer wird das Eiweiß.

- Verwenden Sie ein fettfreies Gefäß.
- Geben Sie ein paar Tropfen Zitronensaft oder eine Prise Salz hinzu. Das erhöht das Volumen des Eischnees und macht ihn stabiler.
- Beim Weiterverarbeiten locker unterheben und nicht rühren.
- Möchten Sie dem Eischnee fetthaltige Zutaten beigeben, diese vorsichtig unterziehen, sonst fällt der Eischnee zusammen.

Eier kochen: Das Timing muss stimmen

Wie lange braucht welches Ei?
Mit diesen Regeln machen Sie alles richtig:

Weiche Eier: Nehmen Sie dafür nur ganz frische Eier. Legen Sie das Ei (Größe M) mit Schale in kochendes Wasser. Nach 5 Minuten herausnehmen und unter fließend kaltem Wasser abkühlen, sonst gart es nach.

Wachsweiche Eier: Das Eiweiß sollte etwas fest, das Eigelb aber noch weich sein. Gehen Sie wie oben vor und lassen das Ei jedoch 6 Minuten lang kochen.

Harte Eier: Einwandfrei hart gekochte Eier erhalten Sie nach einer Kochzeit von 8–10 Minuten. Aber bitte nicht länger, sonst wird das Eiweiß zäh und das Eigelb grünlich.

Eierpick als kleiner Trick

Wenn man vermeiden will, dass die Eierschale während des Kochens aufplatzt, hilft das Anstechen mit Nadel oder Eierpick. Während des Kochens dehnt sich die Luft in der Luftkammer aus und bekommt so ein „Ventil". Falls das Ei platzt, gerinnt es sofort an der Rissstelle und ein weiteres Austreten des Inhaltes wird verhindert.

Tipps

Schnell verzehren: Fertige Eierspeisen im Kühlschrank aufbewahren und innerhalb von 24 Stunden verzehren und keine Reste aufheben.
Kein Risiko eingehen: Eier mit beschädigter Schale nur durcherhitzt verzehren.

CHINESISCHE TEE-EIER

Zubereitungszeit:
etwa 45 Minuten, ohne Ziehzeit
Garzeit Eier: 27–28 Minuten
Vegetarisch

ZUTATEN FÜR 6 EIER

Für die Tee-Eier:

6 Eier (Größe M)
500 ml Wasser
125 ml Sojasauce
25 g loser schwarzer Tee, z. B. Assam Tee
20 g brauner Zucker
2–3 Scheiben frischer Ingwer
1 Stange Zimt
1 Stück Sternanis
1 Lorbeerblatt

Für das Sesamsalz:

1 EL schwarzer Sesam
1 EL bunte Pfefferkörner
1 EL grobes Salz

Pro Portion:

E: 7 g, F: 6 g, Kh: 2 g, kcal: 91

1. Für die Tee-Eier Eier etwa 7–8 Minuten kochen. Anschließend mit kaltem Wasser abschrecken.

2. Mit einem Löffelrücken die Eierschale rundherum behutsam anschlagen – die Eier aber nicht pellen.

3. Für den zweiten Kochvorgang Wasser, Sojasauce, Tee, Zucker, Ingwer, Zimt, Sternanis und Lorbeerblatt in einem Kochtopf aufkochen. Teesud etwa 10 Minuten köcheln lassen.

4. Die angeschlagenen Eier dazugeben und alles weitere etwa 20 Minuten köcheln lassen. Die Eier über Nacht im Sud auskühlen lassen.

5. Für das Sesamsalz Sesam, Pfefferkörner und grobes Salz in einen Blitzhacker geben und nicht zu fein zerkleinern.

6. Eier pellen und zusammen mit dem Sesamsalz servieren.

TIPPS:

Die Eier werden in China vorzugweise zum Frühstück oder Picknick gegessen.

Die chinesischen Tee-Eier sind ein tolles Geschenk zu Ostern.

Lieblingsrezept Nr.

01

EGGS BENEDICT

Zubereitungszeit: 60 Minuten
Teiggeh-/Ruhezeit:
etwa 90 Minuten

ZUTATEN FÜR 4 PORTIONEN

Für die Toasties:
- 250 ml warme Milch (3,5 % Fett)
- 50 g Butter (zimmerwarm)
- 1 TL Salz
- 2 TL Zucker
- ½ Würfel Hefe (21 g), zerbröselt
- 500 g Weizenmehl
- 2–3 EL Semola oder Hartweizengrieß

Für die Hollandaise:
- 125 g Butter
- Wasser
- 2 Eigelb (Größe M)
- 3 TL Wasser
- etwas Zitronensaft
- Salz
- 1 Msp. Cayennepfeffer
- Worcestersauce

Für die pochierten Eier:
- 3 EL Weißweinessig
- 4 Eier (Größe M)

Zusätzlich:
- 8 Scheiben Bacon (Frühstücksspeck)
- evtl. frisch gehackte Petersilie

Pro Portion:
E: 28 g, F: 51 g, Kh: 93 g, kcal: 946

1. Zutaten für die Toasties in eine Küchenmaschine geben und in 4–5 Minuten (Knethaken) zu einem glatten Teig kneten. Zur Not tut es auch ein Mixer mit Knethaken.

2. Teig aus Rührschüssel nehmen und auf einer leicht bemehlten Arbeitsplatte mit den Händen von außen nach innen ziehend durchkneten, bis er nicht mehr klebt und rundherum von einer leichten Mehlschicht bedeckt ist. Teigkugel in einer Schüssel mit einem feuchten Tuch bedecken und an einem warmen Ort etwa 30 Minuten gehen lassen. Der Teig soll sich leicht vergrößert haben.

3. Ein Backblech mit der Hälfte vom Semola oder Hartweizengrieß bestreuen. Arbeitsfläche erneut leicht mehlieren und den Teig etwa 1 cm dick ausrollen. Mit einem Ausstecher (ø 8 cm) oder einem Glas Kreise ausstechen und mit etwas Abstand auf das vorbereitete Backblech legen. Überschüssigen Teig wieder zusammenkneten, nochmal ausrollen und weitere Kreise (insgesamt 8 Kreise) daraus ausstechen. Teiglinge mit dem restlichen Semola oder Hartweizengrieß bestreuen, mit einem Küchentuch bedecken und für etwa 60 Minuten an einem warmen Ort gehen lassen.

4. Danach eine Pfanne ohne Fett erhitzen und die Toasties darin bei schwacher bis mittlerer Hitze je Seite etwa 4 Minuten goldbraun backen. Dabei sollen sie auch noch weiter aufgehen.

5. Toasties auf einem Kuchenrost abkühlen lassen. Vier Toasties beiseitelegen und die restlichen Brote bis zur nächsten Verwendung möglichst frisch einfrieren.

6. Für die Hollandaise Butter in einem kleinen Topf zerlassen. In einem weiteren Topf Wasser bis kurz vor den Siedepunkt erhitzen. Über dem entstehenden Wasserdampf wird die Hollandaise aufgeschlagen. Schüssel auf den Topf stellen, sodass der Schüsselboden nicht mit dem Wasser in Verbindung kommt, sondern nur vom Wasserdampf umschlossen wird. In die Schüssel Eigelb, Wasser und Zitronensaft hineingeben. Über dem Wasserbad mit einem Schneebesen zu einem leichten Schaum aufschlagen. Ganz wichtig ist hier die Temperatur! Das Wasser sollte nicht kochen, sondern ordentlich dampfen, d.h. es sollte die 80 °C-Marke nicht überschreiten. Hat das aufgeschlagene Eigelb eine leicht cremigfluffige Konsistenz erreicht, Kochstelle abschalten und nach und nach in einem hauchdünnen Strahl und unter ständigem Rühren die flüssige Butter hinzugeben. Fertige Hollandaise vom Wasserbad nehmen und mit Salz, Cayennepfeffer, etwas Zitronensaft und Worcestersauce abschmecken. Die Schüssel mit der Hollandaise

wieder auf das Wasserbad stellen und warm halten.

7. Für die pochierten Eier Wasser mit Essig in einem möglichst schlanken hohen Topf kurz vor den Siedepunkt bringen. Mit einem Löffel einen ordentlichen Strudel im Topf erzeugen und die Eier dort hineinschlagen. Eier 3–4 Minuten im heißen Wasser lassen. Pochierte Eier dann mit einer Schaumkelle herausheben und auf Küchenpapier abtropfen lassen.

8. Baconscheiben in einer Pfanne ohne Fett knusprig braten.

9. Toasties halbieren und die Schnittflächen in der Baconpfanne kurz anrösten. Je ein pochiertes Ei mit Hollandaise und 2 Scheiben Bacon auf der Unterseite des Toasties anrichten und den Deckel anlegen.

10. Nach Belieben das Egg Benedict mit frisch gehackter Petersilie bestreuen.

EIER IM GLAS

Zubereitungszeit: 30 Minuten
Garzeit: 15–18 Minuten

ZUTATEN FÜR 4 PORTIONEN

1 Scheibe Bacon (Frühstücksspeck, etwa 10 g)
12 Cocktailtomaten
12 weiße Champignons
1 EL Speiseöl
Salz
gem. Pfeffer
10 g Butter (zimmerwarm)
4 Eier (Größe M)
4 TL Milch (1,5 % Fett)
1/2 TL frische Thymianblättchen
4 Scheiben Vollkorntoastbrot
20 g Butter (zimmerwarm)

Zusätzlich:

4 Glasförmchen (Inhalt je etwa 200 ml)

Pro Portion:

E: 11 g, F: 16 g, Kh: 16 g, kcal: 256

1. Die Baconscheibe quer in etwa 1 cm breite Streifen schneiden. Tomaten abspülen, abtrocknen und die Stängelansätze herausschneiden. Tomaten halbieren. Die Champignons putzen, evtl. kurz abspülen, trocken tupfen und vierteln oder halbieren und in Scheiben schneiden.

2. Den Backofen vorheizen.
Ober-/Unterhitze: etwa 180 °C
Heißluft: etwa 160 °C

3. In einer beschichteten Pfanne das Speiseöl erhitzen. Die Baconstreifen darin bei mittlerer Hitze knusprig ausbraten und herausnehmen. Auf Küchenpapier abtropfen lassen.

4. Zunächst die Champignons in dem verbliebenen Baconfett unter Wenden goldbraun braten. Dann die Tomatenhälften hinzugeben, mit Meersalz und Pfeffer würzen. Tomatenhälften kurz mit andünsten. Die Baconstreifen untermischen.

5. Eine Auflaufform etwa 3 cm hoch mit heißem Wasser füllen. 4 kleine, feuerfeste Gläser mit der Butter ausstreichen.

6. Zuerst die Champignon-Tomaten-Mischung darin verteilen. Dann die Eier vorsichtig aufschlagen und jeweils 1 Ei in die Gläser geben. Das Eiweiß mit je 1 Teelöffel Milch beträufeln. Die Eier mit grob gemahlenem Pfeffer und einigen abgespülten und trocken getupften Thymianblättchen bestreuen. Die Gläser in das Wasserbad stellen.

7. Die Auflaufform auf dem Rost in den vorgeheizten Backofen schieben. Die Eier im Glas **15–18 Minuten garen.**

8. Die Brotscheiben toasten, mit Butter bestreichen, mit Salz würzen und zu den Eiern servieren.

Lieblingsrezept Nr.

03

EIER-HÄCKERLE MIT KRESSE

Zubereitungszeit: 15 Minuten
Vegetarisch

ZUTATEN FÜR ETWA 800 G

- 140 g Gemüsemais (aus der Dose)
- 6 hart gekochte Eier (Größe M)
- 100 g Salatmayonnaise
- 150 g Magermilch-Joghurt
- 2 TL mittelscharfer Senf
- Salz
- gem. Pfeffer
- 1 kleine Schalotte
- 1 Kästchen Kresse
- 1 Bund Schnittlauch

Insgesamt:
E: 54 g, F: 91 g, Kh: 33 g, kcal: 1175

1. Mais in einem Sieb gut abtropfen lassen. Eier pellen und fein hacken. Mayonnaise mit Joghurt, Senf, Salz und Pfeffer verrühren. Schalotte abziehen und in kleine Würfel schneiden. Schalottenwürfel mit Mais und gehackten Eiern unterrühren.

2. Kresse abspülen, trocken tupfen und abschneiden. Schnittlauch ebenfalls abspülen, trocken tupfen und in sehr feine Röllchen schneiden. Den Aufstrich nochmals mit Salz und Pfeffer abschmecken. Kresse und Schnittlauchröllchen unterrühren.

3. Eier-Häckerle in ein verschließbares Gefäß füllen und bis zur Verwendung in den Kühlschrank stellen.

Rezeptvariante:
Für einen **Kartoffel- oder Nudelsalat** etwa 750 g gekochte, gepellte Kartoffeln in Scheiben schneiden und mit dem Aufstrich vermischen. Oder etwa 400 g gegarte, abgekühlte Nudeln mit dem Aufstrich vermischen. Die Salate etwa 30 Minuten durchziehen lassen, nochmals mit Salz und Pfeffer abschmecken. Falls die Konsistenz zu fest sein sollte, noch etwas Gemüsebrühe oder Gurkenflüssigkeit unterrühren.

TIPPS:

Der Aufstrich schmeckt gut auf Mischbrot, Roggen-Vollkornbrot, aber auch Toast oder Baguette.

Auch köstlich mit gewürfeltem Kochschinken und roten Paprikawürfeln.

Der Aufstrich hält sich im Kühlschrank 3–4 Tage.

Eier-Häckerle ist auch eine ideale Basis für einen feinen Nudel- oder Kartoffelsalat (siehe oben).

Lieblingsrezept Nr.
04

EIERSALAT-SANDWICH MIT AVOCADO UND RÄUCHERLACHS

Zubereitungszeit: etwa 15 Minuten
Garzeit: 8–9 Minuten

ZUTATEN FÜR 4 PORTIONEN

10 Eier (Größe M)
2 reife Avocados
1/2 kleines Bund Dill
1/2 kleines Bund Petersilie
2 EL mittelscharfer Senf
1 EL Meerrettich
1 EL flüssiger Honig
Saft von einer Limette
Salz
gem. Pfeffer
4 große oder 8 kleine Scheiben Vollkornbrot
4 TL Butter
etwa 100 g Räucherlachsscheiben

Pro Portion:
E: 29 g, F: 40 g, Kh: 32 g, kcal: 622

1. Eier in etwa 8–9 Minuten hart kochen. Anschließend mit kaltem Wasser abschrecken.

2. Avocados längs halbieren. Die beiden Hälften gegeneinanderdrehen. Den Stein entfernen. Das Fruchtfleisch mit einem Löffel aus den Schalen heben. Fruchtfleisch in nicht zu große Würfel schneiden. Kräuter abspülen, trocken tupfen, die Blättchen von den Stängeln zupfen und grob hacken.

3. Eier pellen, unter fließend kaltem Wasser abspülen und mit Küchenpapier trocken tupfen. Eier nicht zu fein hacken und zur Avocado geben.

4. Senf, Meerrettich, Honig, Limettensaft, Salz sowie Pfeffer gut verrühren und unter die Avocado-Eier-Mischung heben. Eiersalat bei Bedarf nochmals abschmecken.

5. Vollkornbrote toasten, kurz abkühlen lassen und mit Butter bestreichen. Eiersalat auf den Brotscheiben verteilen, Lachsscheiben auf den Salat geben und mit frisch gemahlenem Pfeffer garnieren.

Rezeptvariante:
Für **Eiersalat mit Schnittlauch im Glas** (Titelrezept) 8 Eier etwa 10 Minuten hart kochen, abschrecken und pellen. 4 Stängel Petersilie, 4 Stängel Dill, 4 Blätter Bärlauch und 30 g Schnittlauch abspülen und trocken tupfen. Petersilienblättchen- und Dillspitzen von den Stängeln zupfen und hacken. Bärlauch in feine Streifen schneiden. Ein paar Schnittlauchhalme zum Garnieren beiseitelegen, den Rest in feine Röllchen schneiden. 1 Esslöffel davon abnehmen. 100 g Mayonnaise mit 100 g Joghurt, 1 Esslöffel Senf und 1 Esslöffel Zitronensaft glatt rühren. Die Kräuter untermischen und mit Salz und Pfeffer abschmecken. 6 Eier würfeln und locker unter die Soße mischen. In 4 Gläser (je etwa 250 ml) füllen und mit restlichem Schnittlauch bestreuen. Die übrigen Eier halbieren und auf den Salat setzen. Mit Pfeffer aus der Mühle, Schnittlauchhalmen und nach Belieben mit Bärlauchblüten garnieren.

TIPP:
Mit grob gehacktem Dill bestreut servieren.

Lieblingsrezept Nr.

05

EIERSCHMIER

Zubereitungszeit:
etwa 10 Minuten
Garzeit Speck: 1–2 Minuten

ZUTATEN FÜR 4 PORTIONEN

1 Bund Schnittlauch
60 g Weizenmehl
8 Eier (Größe M)
250 Milch (3,5 % Fett)
250 Wasser
Salz
gem. Pfeffer
150 g gewürfelter Speck
1–2 TL Butter
4 Scheiben (nicht zu dünn geschnittenes) frisches Landbrot

Pro Portion:
E: 29 g, F: 27 g, Kh: 39 g, kcal: 520

1. Schnittlauch abspülen, trocken tupfen und in feine Röllchen schneiden.

2. Mehl und Eier in eine Rührschüssel geben und verrühren. Milch und Wasser nach und nach dazugeben und alles zu einer glatten Masse verrühren. Eier-Mehl-Masse mit Salz und Pfeffer abschmecken. Die Hälfte vom Schnittlauch einrühren.

3. Speck in eine Pfanne geben und in 1–2 Minuten auslassen. Butter in der Pfanne zerlassen. Eierschmier dazugeben und bei mittlerer Hitze unter ständigem Rühren stocken lassen.

4. Das Landbrot kurz im Toaster anrösten und fertig gegarten Eierschmier darauf verteilen.

5. Mit restlichem Schnittlauch und frisch gemahlenem Pfeffer garnieren. Den Eierschmier noch lauwarm servieren.

TIPPS:

Eierschmier ist ein traditioneller Brotbelag u. a. aus dem Saarland, der Eifel und der Pfalz.

Ersetzen Sie den Speck durch gewürfelten Kochschinken. Zum Anbraten müssen Sie in diesem Fall 3 Teelöffel Butter verwenden.

Für eine vegetarische Variante können Sie den Speck auch einfach weglassen.

Anstelle vom Landbrot Toastbrot oder Toasties verwenden.

Lieblingsrezept Nr.
06

EIERSTICH

Zubereitungszeit: etwa 5 Minuten
Garzeit: 25–30 Minuten
Vegetarisch

ZUTATEN FÜR 4 PORTIONEN

2 Eier (Größe M)
125 ml Milch (3,5 % Fett)
Salz
ger. Muskatnuss
etwas Rapsöl oder Butter zum Fetten der Form

Pro Portion
E: 4 g, F: 5 g, Kh: 2 g, kcal: 73

1. Eier mit Milch, Salz und Muskat verschlagen, in eine gefettete, hitzebeständige sowie verschließbare Form füllen. Form verschließen, in einen weiten, hohen Topf stellen. So viel heißes Wasser hinzugießen, bis die Form halb im Wasser steht.

2. Den Topf verschließen. Eiermilch bei schwacher Hitze 25–30 Minuten stocken lassen. Anschließend den Eierstich aus der Form lösen, stürzen und etwas abkühlen lassen. Den Eierstich nach Belieben in Rauten oder Würfel schneiden.

TIPPS:

Anstatt die Form zu fetten, können Sie diese auch mit Klarsichtfolie auslegen.

Bereiten Sie den Eierstich im Dampfgarer zu. Beachten Sie auch die Angaben des Herstellers.

Eierstich ist eine tolle Einlage für viele Suppen, z. B. für eine Rindfleischbrühe.

Rezeptvariante:
Für eine **Rindfleischbrühe mit Eierstich** 750 g küchenfertiges Rindfleisch, z. B. Bugschaufel, Beinfleisch, mit 2 l kaltem Wasser und 2 Teelöffeln Salz in einem großen Topf zum Kochen bringen. Zugedeckt etwa 60 Minuten bei mittlerer Hitze kochen, dabei ab und zu abschäumen. 1 Bund Suppengrün (Sellerie, Möhren, Lauch) abspülen, putzen und ggf. schälen. Lauchstangen längs halbieren. Suppengrün grob würfeln. 2 Zwiebeln abziehen. 1 Zwiebel mit 1 Lorbeerblatt und 3 Gewürznelken spicken. Suppengrün, Zwiebeln und Pfefferkörner zu dem Rindfleisch geben, wieder zum Kochen bringen und ohne Deckel 1 ½–2 Stunden bei schwacher Hitze kochen. Dann das Fleisch herausnehmen und die Brühe durch ein feines Sieb oder durch ein mit einem Geschirrtuch ausgelegtes Sieb gießen. Die Brühe mit Salz abschmecken. Das Rindfleisch bei Bedarf klein schneiden und in die Brühe geben. Die Brühe mit Eierstich servieren.

Lieblingsrezept Nr.
07

GEFÜLLTE EIER

Zubereitungszeit: 25 Minuten

ZUTATEN FÜR 8 STÜCK

4 Eier (Größe M)
2 schwach geh.
EL Mayonnaise
1/2 TL Senf
1/2 TL Weißweinessig
1/2 TL Worcestersauce
1 TL Rapsöl
1 Msp. Paprikapulver
Salz
gem. Pfeffer
einige Salatblätter
etwa 3 Cornichons
einige Cocktailtomaten
8 abgetropfte Sardellenfilets in Öl
grob gehackter Dill

Pro Stück:
E: 5 g, F: 8 g, Kh: 1 g, kcal: 97

1. Eier in 10–12 Minuten hart kochen. Die Eier pellen, längs halbieren, das Eigelb herauslösen und durch ein feines Sieb streichen. Das Eigelb mit Mayonnaise, Senf, Essig, Worcestersauce und Rapsöl zu einer geschmeidigen Masse verrühren. Die Eigelbmasse mit Paprikapulver, Salz und Pfeffer würzen, in einen Spritzbeutel mit großer Sterntülle füllen und die Eihälften damit gleichmäßig füllen.

2. Die Salatblätter abspülen und trocken tupfen oder schleudern. Die Cornichons in feine Streifen schneiden. Cocktailtomaten abspülen, abtrocknen und evtl. die Stängelansätze herausschneiden. Die Tomaten in Scheiben schneiden.

3. Die Eihälften auf den Salatblättern anrichten, mit Sardellenfilets, Cornichonstreifen und Tomatenscheiben garnieren. Die Eier mit Dill bestreut servieren.

Rezeptvariante 1:
Für **Eier mit Kräuterquarkfüllung** je 1 Esslöffel Kräuter-Crème-fraîche und Kräuterquark unter das durchgestrichene Eigelb rühren, mit Salz und Zucker abschmecken. Die Masse in die Eihälften füllen und mit 100 g bunten Paprikastreifen garnieren.

Rezeptvariante 2:
Für **Eier mit Tomatenquarkfüllung** 2 Esslöffel Sahnequark, 1–2 Teelöffel Tomatenmark und 1 Teelöffel abgetropfte, fein gehackte Kapern unter das durch ein Sieb gestrichene Eigelb rühren, mit Salz, Pfeffer und Zucker würzen. Die Masse in die Eihälften füllen. Mit 50 g Schinkenstreifen und Kapern garnieren.

TIPPS:

Die gefüllten Eier zu Salatplatten, auf einem Buffet oder als Vorspeise mit Toast oder Baguette servieren.

Die Eihälften vor dem Füllen in Schnittlauchröllchen oder gehackten Erdnusskernen wälzen.

Lieblingsrezept Nr.

08

GEMÜSE-EI-SPIESSE

Zubereitungszeit: 45 Minuten, ohne Abkühlzeit
Garzeit: etwa 30 Minuten
Vegetarisch

ZUTATEN FÜR 4 PORTIONEN

Für die Sauce:

- 400 g Zwiebeln
- 40 g brauner Zucker
- 750 ml roter Traubensaft
- Salz, gem. Pfeffer
- 1–2 TL Zitronensaft

Für die Spiesse:

- 3 Stängel Minze
- je 1/2 Bund Kerbel, Dill, glatte Petersilie
- 6 Eier (Größe M)
- 4 EL Schlagsahne (mind. 30 % Fett)
- Cayennepfeffer
- 3 EL Olivenöl
- 1–2 kleine Zucchini

Zusätzlich:

- 24 kleine Holzstäbchen

Pro Portion:

E: 12 g, F: 18 g, Kh: 49 g, kcal: 426

1. Für die Sauce die Zwiebeln abziehen und in Würfel schneiden. Den Zucker in einem Topf karamellisieren, die Zwiebeln hinzugeben und unterrühren. Den Traubensaft hinzugeben und aufkochen. Die Zwiebeln etwa 5 Minuten zugedeckt bei mittlerer Hitze köcheln lassen. Danach im offenen Topf etwa 10 Minuten einkochen lassen, bis die Flüssigkeit fast vollständig verdampft ist. Mit Salz, Pfeffer und Zitronensaft abschmecken. Die Sauce pürieren und erkalten lassen.

2. Für die Spieße die Kräuter abspülen, trocken tupfen und die Blättchen von den Stängeln zupfen. Einige Blättchen zum Garnieren beiseitelegen, den Rest fein schneiden und in 6 Portionen teilen.

3. Die Eier mit der Sahne verquirlen und mit Salz und Cayennepfeffer würzen. Eine beschichtete Pfanne (Ø 16 cm) mit etwas Öl ausstreichen und erhitzen. 1 kleine Kelle (etwa 6 Esslöffel) der Eiermasse hineingeben und bei schwacher Hitze stocken lassen. Bevor die Masse ganz gestockt ist, 1 Portion Kräuter daraufstreuen. Das Rührei mit 2 Pfannenwendern zum Stiel der Pfanne hinaufrollen, dann in der Pfanne zur gegenüberliegenden Seite schieben. Die Pfanne wieder fetten, 1 kleine Kelle der Eiermasse hineingeben und kurz vor dem Festwerden mit 1 Portion Kräuter bestreuen, dann zusammen mit der Eierrolle in der Pfanne zu einer dicken Rolle aufrollen. Die Eierrolle in der Pfannenmitte von 4 Seiten nachbraten, dabei mit dem Pannenwender etwas andrücken, sodass ein Quader entsteht. Anschließend erkalten lassen.

4. Mit der übrigen Eimasse auf die gleiche Weise 2 weitere Quader herstellen und erkalten lassen.

5. Zucchini abspülen, abtrocknen, die Enden abschneiden und die Zucchini in 24 etwa 1 ½ cm dicke Scheiben schneiden. Etwas Öl in der Pfanne erhitzen, die Hälfte der Zucchinischeiben etwa 5 Minuten bei mittlerer Hitze darin braten. Zwischendurch einmal wenden. Die Scheiben mit Salz würzen. Die übrigen Scheiben im restlichen Öl braten und mit Salz bestreuen. Abkühlen lassen.

6. Die Eiquader in 24 Scheiben schneiden. Die Zucchinischeiben auf einer Seite mit der Zwiebelsauce bestreichen. Darauf je 1 Scheibe Rührei setzen, mit einem Holzstäbchen fixieren und mit Kräutern garnieren. Die restliche Zwiebelsauce dazu servieren.

Lieblingsrezept Nr.

09

OSTERKRANZ

Zubereitungszeit: 30 Minuten, ohne Teiggeh- und Abkühlzeit
Backzeit: 30–40 Minuten

ZUTATEN FÜR 1 KRANZ

Für den Hefeteig:

500 g Weizenmehl (Type 550)
1 Pck. Trockenbackhefe
75 g Zucker
1 Pck. Vanillin-Zucker
1/2 TL Salz
abger. Schale von 1 Bio-Zitrone (unbehandelt, ungewachst)
125 ml lauwarme Milch (3,5 % Fett)
125 g lauwarme Schlagsahne (mind. 30 % Fett)
100 g Butter (zimmerwarm)
2 Eier (Größe M)
3 EL Kokosraspel

Zum Blindbacken:

5 hart gekochte Eier (Größe M)

Zum Bestreichen und Bestreuen:

1 Eigelb
1 EL Milch (3,5 % Fett)
2 EL gehackte Mandeln

Zum Belegen:

5 gefärbte Ostereier (Größe M)

Insgesamt (mit Eiern):

E: 122 g, F: 211 g, Kh: 482 g, kcal: 4374

1. Für den Teig Mehl in eine Rührschüssel geben und mit Trockenbackhefe sorgfältig vermischen. Die restlichen Zutaten hinzugeben und mit einem Mixer (Knethaken) zunächst kurz auf niedrigster, dann auf höchster Stufe in etwa 5 Minuten zu einem glatten Teig verarbeiten.

2. Den Teig zugedeckt so lange an einem warmen Ort gehen lassen, bis er sich sichtbar vergrößert hat, etwa 20 Minuten.

3. Den gegangenen Teig leicht mit Mehl bestäuben, auf der leicht bemehlten Arbeitsfläche nochmals kurz verkneten und in 3 gleich große Portionen teilen.

4. Die Teigportionen jeweils auf einer nicht bemehlten Arbeitsfläche zu etwa 50 cm langen Strängen formen und zu einem Zopf flechten.

5. Den Teigzopf auf ein Backblech (mit Backpapier belegt) legen und zu einem Kranz formen.

6. Zum Blindbacken die Eier in den Kranz drücken. Den Teigkranz nochmals zugedeckt so lange an einem warmen Ort gehen lassen, bis er sich sichtbar vergrößert hat, etwa 30 Minuten.

7. In der Zwischenzeit den Backofen vorheizen.
Ober-/Unterhitze: etwa 180 °C
Heißluft: etwa 160 °C

8. Zum Bestreichen Eigelb mit Milch verschlagen. Den Teigkranz damit bestreichen und mit den Mandeln bestreuen. Anschließend das Backblech in den vorgeheizten Backofen schieben. Den Osterkranz 30–40 Minuten backen.

9. Den Osterkranz mit dem Backpapier von dem Backblech auf einen Kuchenrost ziehen. Den Osterkranz erkalten lassen. Die mitgebackenen Eier vorsichtig entfernen und durch die Ostereier ersetzen.

TIPP:

Die mitgebackenen Eier können für Eiersalat (siehe Seite 14) oder für das Eierhäckerle (siehe Seite 12) verwendet werden.

Lieblingsrezept Nr.
10

SOLEIER

Zubereitungszeit:
etwa 15 Minuten,
ohne Abkühl- und Marinierzeit
Vegetarisch

ZUTATEN FÜR 8 STÜCK

8 Eier (Größe M)
Salz

Für die Marinade:
1 Chilischote
4 Stängel Dill
400 ml Wasser
2 gestr. EL Salz
2 EL Senfkörner
100 ml Obstessig
2 EL Honig
10 Pfefferkörner
2 kleine Lorbeerblätter

Pro Stück:
E: 7 g, F: 5 g, Kh: 1 g, kcal: 77

1. Eier am runden Ende mit einem Eierpick anstechen, in kochendes Salzwasser geben und etwa 7 Minuten kochen lassen.

2. Die Eier mit einer Schaumkelle herausnehmen und mit kaltem Wasser abschrecken.

3. Für die Marinade Chilischote entstielen, abspülen, abtropfen lassen und in Ringe schneiden. Dill abspülen, abtropfen lassen und in kleinere Stängel zupfen.

4. Wasser mit Salz, Senfkörnern, Essig, Honig, Pfefferkörnern, Chiliringen, Dillstängeln und Lorbeerblättern in einem Topf aufkochen lassen.

5. Die Eier pellen. Eier in die Marinade legen, erkalten lassen und zugedeckt darin mindestens 24 Stunden im Kühlschrank ziehen lassen, aber nicht länger als 6 Tage.

TIPPS:

Zu den Soleiern Vollkornbrot reichen.

Die Eier halbieren, mit körnigem Senf, grob gemahlenem Salz und Pfeffer oder Worcestersauceservieren.

Lieblingsrezept Nr.

11

SPIEGELEIERTOAST

Zubereitungszeit: 15 Minuten
Backzeit: etwa 10 Minuten je Backblech

ZUTATEN FÜR 4 PORTIONEN

8 Scheiben Toastbrot (je etwa 9 x 8 ½ cm)
8 TL Olivenöl
Salz
gem. Pfeffer
8 Eier (Größe M)
25 g ger. Gouda oder Emmentaler
15 g magere Schinkenwürfel
½ Bund Schnittlauch

Pro Portion:
E: 20 g, F: 24 g, Kh: 25 g, kcal: 394

1. Den Backofen vorheizen.
Ober-/Unterhitze: etwa 200 °C
Heißluft: etwa 180 °C

2. Toastbrotscheiben auf 1–2 Backbleche (mit Backpapier belegt) legen. Aus jeder Toastscheibe mit einer runden Ausstechform oder einem Glas (Ø etwa 5 cm) einen Kreis ausstechen. Die Brotkreise ebenfalls auf die Backbleche legen.

3. Die Brotscheiben und -kreise mit Olivenöl bestreichen, mit Salz und Pfeffer bestreuen.

4. Eier jeweils in einer kleinen Tasse aufschlagen und vorsichtig in die zuvor ausgestochenen Brotscheibenkreise gleiten lassen.

5. Die ausgestochenen Toastbrotkreise mit Käse und Schinkenwürfeln bestreuen.

6. Die Backbleche nacheinander (bei Heißluft zusammen) in den vorgeheizten Backofen schieben. Spiegeleiertoasts **etwa 10 Minuten je Backblech backen.**

7. In der Zwischenzeit Schnittlauch abspülen, trocken tupfen und in Röllchen schneiden. Spiegeleiertoasts und die Brotkreise mit Schnittlauchröllchen bestreuen und heiß servieren.

TIPP:

Dazu schmeckt ein gemischter Salat.

Lieblingsrezept Nr.

12

TOASTMUFFINS MIT EI UND SPECK

Zubereitungszeit: 30 Minuten
Backzeit: etwa 15 Minuten

ZUTATEN FÜR 4 STÜCK

4 Scheiben Sandwichtoast
4 TL Butter
8 Scheiben Bacon (Frühstücksspeck)
4 Eier (Größe S)
1/4 Bund Schnittlauch
Salz
gem. Pfeffer

Zusätzlich:

1 Muffinform (für 12 Muffins)

Pro Stück:

E: 11 g, F: 23 g, Kh: 18 g, kcal: 322

1. Den Backofen vorheizen.
Ober-/Unterhitze: etwa 200 °C
Heißluft: etwa 180 °C

2. Sandwichtoastscheiben entrinden. Die Toastbrotscheiben mit einer Teigrolle oder einer sauberen Wasserflasche flach ausrollen. Je eine Seite mit Butter bestreichen und mit der Butterseite nach unten in eine Mulde einer Muffinform setzen.

3. Bacon in einer Pfanne ohne Fett knusprig auslassen. Je zwei Scheiben überkreuz auf den Toastscheiben platzieren. Jeweils ein aufgeschlagenes Ei daraufgeben. Die Form auf dem Rost in den vorgeheizten Backofen schieben. Die Toastmuffins **etwa 15 Minuten backen.**

4. In der Zwischenzeit Schnittlauch abspülen, trocken tupfen und in feine Ringe schneiden.

5. Die gebackenen Muffins mit einem kleinen Messer aus der Form lösen, herausheben und auf Tellern servieren. Mit Salz und Pfeffer würzen und mit den Schnittlauchröllchen bestreuen.

TIPP:

Wer es noch deftiger mag, kann die Muffins auch mit geriebenen Cheddar überbacken.

Lieblingsrezept Nr.

13

TORTILLA-HÄPPCHEN

Zubereitungszeit: 30 Minuten
Garzeit: etwa 8 Minuten
Vegetarisch

ZUTATEN FÜR 8 STÜCK

1 rote Paprikaschote (etwa 200 g)
1 kleines Bund Frühlingszwiebeln (etwa 125 g)
1 Knoblauchzehe
2 EL Olivenöl
Salz
gem. Pfeffer
4 Eier (Größe M)
3–4 Spritzer Tabasco

Zusätzlich:
8 kleine Holzspieße

Pro Stück:
E: 2 g, F: 3 g, Kh: 2 g, kcal: 37

1. Paprikaschote halbieren, entstielen, entkernen und die weißen Scheidewände entfernen. Schotenhälften abspülen, abtropfen lassen und in sehr feine Streifen schneiden. Frühlingszwiebeln putzen, abspülen, abtropfen lassen, in etwa 5 cm lange Stücke schneiden. 3–4 Stücke davon in feine Scheiben schneiden und beiseitelegen. Knoblauch abziehen, durch eine Knoblauchpresse drücken oder sehr fein hacken.

2. Von dem Öl 1 Esslöffel in einer großen Pfanne (Ø 20 cm) erhitzen. Die Paprikastreifen, Frühlingszwiebelstücke und den Knoblauch hineingeben und darin bei mittlerer Hitze in etwa 2 Minuten unter gelegentlichem Rühren andünsten. Das Gemüse mit Salz und Pfeffer würzen, aus der Pfanne nehmen.

3. Die Eier mit Salz, Pfeffer und Tabasco verschlagen. Das restliche Öl in der Pfanne erhitzen. Die Eiermasse hineingeben und zugedeckt bei schwacher Hitze in etwa 8 Minuten garen, das Ei sollte vollständig gestockt sein.

4. Das Omelett aus der Pfanne nehmen und in 8 Tortenstücke schneiden. Auf jedes Stück am breiteren Ende die Paprikastreifen und die Frühlingszwiebelstücke gleichmäßig verteilen. Die Omelettspitzen jeweils über das Gemüse nach oben klappen und mit einem kleinen Holzspieß feststecken.

5. Tortilla-Stücke auf einem Teller anrichten und mit den Frühlingszwiebelscheiben bestreuen.

TIPP:

Für einen Tapas-Abend die Tortillahäppchen zusammen mit anderen typischen Tapas-Leckereien servieren.

Lieblingsrezept Nr.
14

AVOCADO-EI

Zubereitungszeit: 10 Minuten
Backzeit: 15–20 Minuten

ZUTATEN FÜR 2–4 PERSONEN:

- 2 reife Avocados
- Salz
- gem. Pfeffer
- Saft von 1/2 Zitrone
- 1–2 EL Olivenöl
- 4 Eier (Größe M)
- 4 Scheiben Bacon (Frühstücksspeck, etwa 30 g)
- 2 EL ger. Käse, z. B. Gouda oder Mozzarella

Pro Portion:

E: 21 g, F: 60 g, Kh: 2 g, kcal: 646

1. Den Backofen vorheizen.
Ober-/Unterhitze: etwa 180 °C
Heißluft: etwa 160 °C

2. Avocados längs halbieren. Die beiden Hälften gegeneinanderdrehen. Den Stein entfernen. Die Mulde vom Avocadokern bei Bedarf etwas vergrößern, damit das Ei später hineinpasst. Die Avocadohälften mit den Schnittfläche nach oben in eine kleine Auflaufform setzen. Avocados mit Salz und Pfeffer würzen und mit Zitronensaft und Olivenöl beträufeln.

3. Die Eier nacheinander in eine Tasse schlagen und jeweils in die Mulden der Avocados geben.

4. Bacon in Streifen schneiden, mit dem Käse mischen und auf den gefüllten Avocados verteilen.

5. Auflaufform auf einem Rost in den vorgeheizten Backofen schieben. Die Avocados **15–20 Minuten backen,** bis das Ei sichtbar gestockt ist.

TIPPS:

Die Avocado-Eier als Vorspeise mit Blattsalat oder beim Grillen als Beilage servieren.

Die Avocado-Eier mit frisch gehackter Petersilie bestreuen.

Für eine vegetarische Variante den Bacon einfach weglassen.

Lieblingsrezept Nr.

15

BÉCHAMEL-EIER IM SPINATBETT

Zubereitungszeit: 45 Minuten, ohne Auftauzeit
Garzeit: etwa 20 Minuten
Vegetarisch

ZUTATEN FÜR 4 PORTIONEN

1 kg TK-Blattspinat

Für die Béchamelsauce:
3 Schalotten
2 EL Butter
15 g Weizenmehl
75 ml kalte Brühe, z. B. Gemüse- oder Geflügelbrühe
125 ml Milch (3,5 % Fett) oder Sahne (mind. 30 % Fett)

Salz
gem. Pfeffer
ger. Muskatnuss
100 g ger. Emmentaler
2 Knoblauchzehen
4 Eier (Größe M)
1 EL Butter

Pro Portion:
E: 23 g, F: 24 g, Kh: 8 g, kcal: 349

1. TK-Spinat nach Packungsanleitung auftauen, anschließend in einem Sieb abtropfen lassen und evtl. noch etwas ausdrücken.

2. Für die Béchamelsauce 1 Schalotte abziehen und fein würfeln. 1 Esslöffel Butter in einem Topf bei mittlerer Hitze zerlassen. Die Schalottenwürfel darin etwa 2 Minuten andünsten. Das Mehl hinzugeben und mit einem Schneebesen unterrühren. Das Mehl so lange unter Rühren erhitzen, bis es hellgelb ist. Nach und nach die kalte Brühe und Milch oder Sahne hinzugießen, mit dem Schneebesen glatt rühren. Darauf achten, dass keine Klümpchen entstehen. Die Sauce unter Rühren aufkochen lassen und bei schwacher Hitze etwa 5 Minuten ohne Deckel köcheln lassen. Dabei die Sauce gelegentlich umrühren. Die Sauce mit Salz, Pfeffer und Muskatnuss abschmecken.

3. Restliche Schalotten und den Knoblauch abziehen, in kleine Würfel schneiden. Die restliche Butter in einem Topf zerlassen. Schalotten- und Knoblauchwürfeldarin andünsten. Spinat hinzugeben und unter Rühren mitdünsten lassen. Den Spinat so lange dünsten, bis die Flüssigkeit fast verdampft ist. Spinat mit Salz, Pfeffer und Muskatnuss würzen.

4. Den Backofen vorheizen.
Ober-/Unterhitze: etwa 200 °C
Heißluft: etwa 180 °C

5. Den Spinat mit der Béchamel-Sauce und etwa der Hälfte des Käses in eine Auflaufform (gefettet) geben und vermischen.

6. Vier Mulden in die Spinat-Saucen-Mischung drücken und je 1 aufgeschlagenes Ei in die Mulde geben. Den restlichen Käse darauf verteilen. Butter in Flöckchen daraufsetzen.

7. Die Form auf dem Rost in den vorgeheizten Backofen schieben. Die Béchamel-Eier **etwa 20 Minuten garen.**

8. Béchamel-Eier vor dem Servieren mit frisch gemahlenem Pfeffer bestreuen.

TIPPS:

Die Béchamel-Sauce können Sie mit 1 Messerspitze Safran verfeinern.

Schneller geht es, wenn Sie Béchamelsauce aus dem Tetrapak (250 ml) verwenden.

Lieblingsrezept Nr.

16

BOWL MIT POCHIERTEN EIERN

Zubereitungszeit: 30 Minuten
Garzeit: 5–8 Minuten
Vegetarisch

ZUTATEN FÜR 4 PORTIONEN

Für die Bowl:

1 1/2 kg weißer Spargel
700 ml Wasser
250 g rote Linsen
2 Frühlingszwiebeln (etwa 50 g)
Salz
gem. Pfeffer
1 große Salatgurke (etwa 600 g)
20 g Ingwer
2–3 EL Zitronensaft
2–3 EL Sojasauce
3 TL Sesamöl
2 Mini-Romanasalate

Für die pochierten Eier:

1 l Wasser
1 EL Weißweinessig
8 Eier (Größe M)
1 EL gerösteter schwarzer Sesam
4 EL Barbecuesauce mit Honig
3 EL Rapsöl

Pro Portion:

E: 37 g, F: 24 g, Kh: 43 g, kcal: 578

1. Für die Bowl den Spargel abspülen, abtropfen lassen und von oben nach unten schälen, dabei darauf achten, dass die Schale vollständig entfernt, die Köpfe aber nicht verletzt werden. Die unteren Enden abschneiden (holzige Stellen vollkommen entfernen).

2. Spargelschalen und 200 ml Wasser in einen Topf geben und kurz aufkochen. Die Spargelschalen etwa 15 Minuten bei schwacher Hitze im geschlossenen Topf ziehen lassen. Die Schalen abgießen, dabei den Sud auffangen. Die Spargelstangen in etwa 5 cm lange Stücke schneiden, in den aufgefangenen Sud geben, aufkochen und zugedeckt etwa 8 Minuten bei schwacher Hitze garen.

3. Inzwischen die Linsen abspülen, abtropfen lassen, mit 500 ml Wasser bedecken und aufkochen. Anschließend bei schwacher Hitze etwa 5 Minuten garen, dann in einem Sieb abtropfen lassen. Die Spargelstücke abtropfen lassen, 100 ml Kochsud auffangen.

4. Die Frühlingszwiebeln putzen, abspülen, abtropfen lassen und in 1 cm breite Stücke schneiden. Spargelsud und Frühlingszwiebeln unter die Linsen rühren und mit Salz und Pfeffer würzen. Abkühlen lassen.

5. Die Salatgurke abspülen und abtropfen lassen. Von der Schale nur einige Streifen abschälen. Die Gurke längs durchschneiden und mit einem Löffel entkernen. Die Hälften quer in dünne Scheiben schneiden. Ingwer schälen, fein reiben, in eine Schüssel geben und mit Zitronensaft, Sojasauce und Sesamöl verrühren. Die Gurkenscheiben unterheben und 10 Minuten darin marinieren. Den Salat putzen, abspülen, trocken tupfen oder schleudern und in mundgerechte Stücke teilen.

6. Für die pochierten Eier 1 l Wasser mit Essig in einem Topf zum Kochen bringen. Eier einzeln in einer Kelle aufschlagen, vorsichtig in das siedende (nicht sprudelnd kochende) Wasser gleiten lassen. Eiweiß mit 2 Esslöffeln über das Eigelb schieben. Die Eier bei schwacher Hitze 3-4 Minuten im offenen Topf gar ziehen lassen (maximal 4 Eier auf einmal garen).

7. Die Linsen mit Salz und Pfeffer, die Gurkenscheiben mit Sojasauce und Zitronensaft abschmecken. Die Linsen mittig in 4 Schüsseln/Bowls geben. Gurkenscheiben, Salat und Spargel um die Linsen herum verteilen. Jeweils ein pochiertes Ei auf die Linsen legen und mit Salz, Pfeffer und Sesam bestreuen.

8. Barbecuesauce mit Öl verrühren und über Spargel und Salatblätter träufeln. Die Bowles servieren. Restliche pochierte Eier separat dazu reichen.

Lieblingsrezept Nr.

17

CHAMPIGNON-FRITTATA

Zubereitungszeit: 15 Minuten
Vegetarisch

ZUTATEN FÜR 4 PORTIONEN

300 g TK-Brokkoli
170 g Champignonscheiben (aus dem Glas)
150 g Gemüsemais (aus der Dose)
8 Eier (Größe M)
Salz
gem. Pfeffer
1 Pck. TK-Schnittlauchröllchen
40 g Butter oder Margarine

Pro Portion:
E: 19 g, F: 20 g, Kh: 10 g, kcal: 296

1. Brokkoli auftauen lassen, in kleine Röschen teilen.

2. Champignonscheiben und Mais in einem Sieb abtropfen lassen.

3. Eier verquirlen, mit Salz und Pfeffer würzen und mit dem Gemüse und den Schnittlauchröllchen vermischen.

4. Butter oder Margarine in einer großen beschichteten Pfanne zerlassen. Die Eier-Gemüse-Mischung hineingeben und zugedeckt bei mittlerer Hitze stocken lassen. Nach Belieben wenden (nur etwas für Fortgeschrittene!) und auf der zweiten Seite auch bräunen lassen.

TIPPS:

Schmeckt heiß als kleine Mahlzeit oder gehaltvolle Vorspeise. Oder kalt, in Häppchen geschnitten, als Snack.

TK-Produkte und Konserven können natürlich auch durch frische Zutaten ersetzt werden.

Sie haben kleine Gemüse-„Muffel“ mit am Tisch sitzen? Dann pürieren Sie hier einfach etwa ¼ des Gemüses mit den Eiern und mixen zusätzlich 1 Esslöffel Speisestärke darunter. So bekommen alle, die versuchen sich mehr vom Ei der Frittata aufzufüllen, ganz nebenbei eine kleine Extraportion Gemüse ab.

Lieblingsrezept Nr.

18

CORNED BEEF HASH

Zubereitungszeit: 10 Minuten
Garzeit: etwa 9 Minuten

ZUTATEN FÜR 4 PORTIONEN

1 Dose Corned Beef (340 g)
etwa 500 g gegarte Kartoffeln (ohne Schale)
2 Knoblauchzehen
2 rote Zwiebeln
1–2 EL Sonnenblumen- oder Olivenöl
1–2 EL klein geschnittene Kräuter, z. B. Petersilie, Schnittlauch, Kerbel, Dill
Salz
gem. Pfeffer
20 g Butter oder Margarine
4 Eier (Größe M)
Paprikapulver edelsüß
Currypulver

Pro Portion:
E: 28 g, F: 17 g, Kh: 26 g, kcal: 377

1. Corned Beef in etwa 1 cm große Würfel schneiden. Corned Beef in etwa 1 cm große Würfel schneiden. Kartoffeln würfeln oder in Scheiben schneiden. Knoblauch und Zwiebeln abziehen, Zwiebeln würfeln und Knoblauch in Scheiben schneiden.

2. Sonnenblumen- oder Olivenöl in einer Pfanne erhitzen. Knoblauchscheiben und Zwiebelwürfel darin 2–3 Minuten andünsten. Kartoffelwürfel oder -scheiben mit in die Pfanne geben und bei mittlerer bis starker Hitze in 4–5 Minuten goldgelb braten.

3. Die Hitze reduzieren. Gewürfeltes Corned Beef und klein geschnittene Kräuter in die Pfanne geben und vorsichtig durchschwenken. Mit Salz und Pfeffer würzen.

4. Corned Beef mit einem Deckel verschließen und warmhalten.

5. Butter oder Margarine in einer zweiten Pfanne zerlassen. Eier aufschlagen, einzeln in die Pfanne geben und als Spiegeleier braten. Mit Salz, Pfeffer, Paprika- und Currypulver würzen.

6. Corned Beef Hash mit den Spiegeleiern anrichten und servieren.

T TIPP:

Das Gericht z. B. mit Roter Bete servieren. Dafür 4 vorgegarte Rote Bete in Scheiben schneiden, mit Salz, Pfeffer und etwas Honig würzen und mit je 3 Esslöffeln Weißweinessig und Olivenöl beträufeln.

Lieblingsrezept Nr.

19

EGG BREAD

Zubereitungszeit: 25 Minuten
Backzeit: etwa 20 Minuten
Vegetarisch

ZUTATEN FÜR 6 KLEINE BROTE:

110 g Weizenmehl
2 TL Backpulver
2 EL Butter (zimmerwarm)
20 g Zucker
1 gestr. TL Salz
8 Eier (Größe M)
80 ml Milch (3,5 % Fett)
6 Scheiben Schmelzkäse, z. B. Gouda oder Cheddar

Zusätzlich:

6 kleine beschichtete Kastenbackformen (etwa 8 x 4cm, ggf. gefettet)

Pro Brot:

E: 15 g, F: 18 g, Kh: 19 g, kcal: 291

1. Für den Teig Mehl mit Backpulver vermischen. Butter, Zucker, Salz, 2 Eier und Milch zu der Mehl-Backpulver-Mischung geben und zu einem glatten Teig verrühren.

2. Den Backofen vorheizen.
Ober-/Unterhitze: etwa 200 °C
Heißluft: etwa 180 °C

3. Den Teig gleichmäßig in den Formen verteilen. Die Formen sollten dabei ungefähr halbvoll sein.

4. Schmelzkäse aus der Folie nehmen, längs zusammenklappen und jeweils 1 Scheibe auf den Teig legen. Dann behutsam jeweils 1 Ei auf den Käse aufschlagen. Das Eigelb sollte dabei nicht beschädigt werden.

5. Die Formen auf einem Rost in den vorgeheizten Ofen schieben. Die Brote **etwa 20 Minuten backen.**

6. Die Formen aus dem Ofen nehmen, Egg-Bread aus den Formen lösen und heiß servieren.

Rezeptvariante 1:
Für ein **Mozzarella-Egg-Bread** anstelle der Schmelzkäsescheiben 1 Kugel Mozzarella (100 g) gut abtropfen lassen und in 12 gleich große Würfel schneiden. Jeweils 2 Mozzarellawürfel so in den Teig setzen, dass in der Mitte etwas Platz für das Ei bleibt.

Rezeptvariante 2:
Für **Egg Bread mit Bacon** den Teig wie oben beschrieben in den Formen verteilen. Das Ei auf den Teig geben. Dann das Ei mit einem Holzstäbchen an der Oberfläche verrühren, sodass Eiweiß und -gelb leicht vermischt sind. Auf die Eimasse jeweils eine Scheibe Schmelzkäse und 1 zusammengeklappte Scheibe Bacon (Frühstücksspeck) legen. Das Egg-Bread wie unter Schritt 5 beschrieben backen und heiß servieren.

Rezeptvariante 3:
Für **Hot-Dog-Egg-Bread** den Teig wie oben beschrieben in den Formen verteilen. 2 Hot-Dog-Würstchen in etwa 1 cm dicke Stücke scheiden und gleichmäßig in den gefüllten Formen verteilen. Jeweils 1 Ei daraufschlagen und das Ei mit einem Holzstäbchen an der Oberfläche verrühren, sodass Eiweiß und -gelb leicht vermischt sind. Wer mag, legt noch jeweils 1 zusammengeklappte Scheibe Schmelzkäse auf Teig und Wurststücke und backt das Hot-Dog-Egg-Bread wie in Schritt 5 beschrieben.

Lieblingsrezept Nr.

20

EIER MIT SENFSAUCE

Zubereitungszeit: 20 Minuten
Garzeit: etwa 20 Minuten

ZUTATEN FÜR 4 PORTIONEN

8 Eier (Größe M)

Für die Senfsauce:

30 g Butter oder Margarine
20 g Weizenmehl
375 ml Gemüsebrühe
1 EL mittelscharfer Senf
1 EL körniger Senf
Salz
gem. Pfeffer
2 EL Crème fraîche
2 EL Schittlauchröllchen

Pro Portion:

E: 16 g, F: 23 g, Kh: 6 g, kcal: 291

1. Eier am dicken runden Ende mit einer Nadel oder einem Eierpick anstechen. Wasser in einem kleinen Topf zum Kochen bringen.

2. Eier auf einen Löffel oder eine Schaumkelle legen und vorsichtig in das kochende Wasser gleiten lassen (die Eier sollten mit Wasser bedeckt sein). Das Wasser wieder zum Kochen bringen. Die Eier im offenen Topf bei mittlerer Hitze etwa 10 Minuten kochen. Die fertigen Eier mit dem Löffel oder der Schaumkelle herausnehmen und unter kaltem Wasser abschrecken.

3. Für die Sauce Butter oder Margarine in einem Topf zerlassen. Mehl unter Rühren so lange darin erhitzen, bis es hellgelb ist.

4. Brühe unter Rühren nach und nach hinzugießen, mit einem Schneebesen durchschlagen und darauf achten, dass keine Klümpchen entstehen. Die Sauce aufkochen lassen und etwa 10 Minuten kochen, gelegentlich umrühren.

5. Beide Senfsorten unterrühren. Die Sauce mit Salz und Pfeffer abschmecken. Zum Schluss Crème fraîche und Schnittlauch unterrühren.

6. Eier pellen, nach Belieben halbieren und kurz vor dem Servieren in die Sauce geben.

TIPP:

Zu den Eiern in Senfsauce schmecken Petersilienkartoffeln sehr gut.

Lieblingsrezept Nr.
21

EIER-KOHL-BRATLINGE MIT PETERSILIENDIP

Zubereitungszeit: 15 Minuten
Garzeit Kohl: etwa 10 Minuten
Bratzeit Bratlinge: 2–3 Minuten pro Seite
Vegetarisch

ZUTATEN FÜR 4 PERSONEN

Für die Eier-Kohl-Bratlinge:

- 1/2 Spitzkohl (etwa 550 g)
- 1 geh. TL Salz
- 2 Zwiebeln
- 4–6 EL Rapsöl
- 3 Eier (Größe M)
- 3 Knoblauchzehen
- 1 TL Majoran, gerebelt
- 1 Msp. Kreuzkümmel (Cumin)
- Salz
- gem. Pfeffer
- ger. Muskatnuss
- 2 geh. EL Weizenmehl

Für den Petersiliendip:

- 1 kleines Bund Petersilie
- 150 g Crème fraîche oder Schmand
- 1–2 EL Zitronensaft
- 1 Prise Zucker

Pro Portion:

E: 10 g, F: 24 g, Kh: 14 g, kcal: 324

1. Für die Eier-Kohl-Bratlinge vom Spitzkohl die äußeren welken Blätter entfernen. Den Kohl vierteln, abspülen, abtropfen lassen und den Strunk herausschneiden. Kohl in etwa 1x1 cm breite Rauten schneiden. Kohl in einen Kochtopf geben, mit Wasser bedecken und das Salz hinzufügen. Den Kohl etwa 10 Minuten leicht kochen lassen.

2. In der Zwischenzeit Zwiebeln und Knoblauch abziehen und in feine Würfeln schneiden.

3. Den Kohl in einem Küchensieb abgießen, kurz mit kaltem Wasser abspülen und restliches Wasser gut ausdrücken.

4. Zwei Esslöffel Rapsöl in einer Pfanne erhitzen. Zwiebelwürfel hinzugeben und glasig dünsten. Die Zwiebeln dürfen dabei ruhig etwas Farbe nehmen.

5. Knoblauchzehen schälen, zwei Knoblauchzehen durch eine Knoblauchpresse drücken und zusammen mit den Zwiebelwürfeln, Kohl, Eiern, Majoran und Kreuzkümmel in eine Schüssel geben und vermengen. Die Masse gut mit Salz, Pfeffer und Muskatnuss abschmecken. Mehl unter die Eier-Kohlmasse heben und bei Bedarf nochmals mit Salz und Pfeffer abschmecken.

6. Für den DipPetersilie abspülen, trocken tupfen und die Blättchen von den Stängeln zupfen. Blättchen fein hacken. Restliche Knoblauchzehe durch eine Knoblauchpresse drücken, mit Crème fraîche oder Schmand, gehackter Petersilie sowie Zitronensaft verrühren. Dip mit Salz, Pfeffer und Zucker abschmecken.

7. Die Eier-Kohl-Masse in 16 gleich große Bratlinge teilen (z. B. mit einem Eisportionierer). Öl in einer beschichteten Pfanne erhitzen und die Kohl-Bratlinge in mehreren Portionen bei mittlerer Hitze von beiden Seiten (je Seite etwa 2–3 Minuten) goldbraun braten.

8. Eier-Kohl-Bratlinge noch warm mit dem Petersiliendip servieren.

TIPP:

Wer es noch herzhafter mag, mischt unter die Eier-Kohl-Masse 50 g gewürfelten Schinkenspeck und/oder 50 g geriebenen Emmentaler.

Lieblingsrezept Nr.

22

FALSCHER HASE (HACKBRATEN)

Zubereitungszeit: 25 Minuten
Garzeit: etwa 60 Minuten

ZUTATEN FÜR 6 PORTIONEN

2 Brötchen (Semmeln) vom Vortag
2 mittelgroße Zwiebeln
750 g Gehacktes (halb Rind-, halb Schweinefleisch)
2 Eier (Größe M)
2 TL mittelscharfer Senf
1 EL gehackte Petersilie
1/2 EL Majoran gerebelt oder frisch
Salz
gem. Pfeffer
1/2 TL Paprikapulver
1 EL Semmelbrösel
3 wachsweich gekochte Eier (Größe M)
40 g durchwachsener Speck, in dünnen Scheiben
500 ml heiße Fleischbrühe
1 mittelgroße Zwiebel
1 mittelgroße Tomate
25 g Speisestärke
3 EL Wasser
evtl. etwas Petersilie

Pro Portion:
E: 35 g, F: 29 g, Kh: 19 g, kcal: 478

1. Die Brötchen in kaltem Wasser einweichen und gut ausdrücken. Die Zwiebeln abziehen, klein würfeln. Gehacktes in eine Schüssel geben. Brötchen, Zwiebelwürfel, Eier, Senf, Petersilie und Majoran hinzugeben. Die Zutaten gut unterkneten, mit Salz, Pfeffer und Paprikapulver würzen.

2. Den Backofen vorheizen.
Ober-/Unterhitze: etwa 200 °C
Heißluft: etwa 180 °C

3. Semmelbrösel auf die Arbeitsfläche streuen. Die Hackfleischmasse daraufgeben und zu einem Rechteck (etwa 20 x 30 cm) formen. Gekochte Eier pellen und längs hintereinander in die Mitte des Fleischteiges legen. Den Fleischteig von der längeren Seite aus aufrollen und zu einem Laib formen. Den Fleischlaib in einen Bräter (gefettet) legen.

4. Speckscheiben nebeneinander auf den Fleischlaib legen und etwas andrücken. Den Bräter auf dem Rost in den vorgeheizten Backofen (unteres Drittel) schieben. Den Hackbraten **etwa 60 Minuten garen.**

5. Sobald der Bratensatz anfängt zu bräunen, etwas heiße Brühe hinzugießen. Den Fleischlaib ab und zu mit dem Bratensatz begießen. Verdampfte Flüssigkeit nach und nach durch heiße Brühe ersetzen.

6. Zwiebel abziehen und vierteln. Tomate abspülen, abtropfen lassen, vierteln und den Stängelansatz herausschneiden. Zwiebel- und Tomatenviertel nach etwa 30 Minuten Garzeit zum Hackbraten in den Bräter geben und mitgaren lassen.

7. Den garen Hackbraten aus dem Bräter nehmen und zugedeckt warm stellen.

8. Den Bratensatz evtl. mit etwas Wasser loskochen, durch ein Sieb gießen, mit Wasser auf etwa 500 ml auffüllen und in einem Topf zum Kochen bringen.

9. Die Speisestärke mit 3 Esslöffeln Wasser anrühren und in die Sauce rühren. Die Sauce unter Rühren aufkochen, mit Salz und Pfeffer würzen.

10. Den Hackbraten in Scheiben schneiden, auf einer Platte anrichten und nach Belieben mit abgespülter, trocken getupfter Petersilie garnieren. Die Sauce dazureichen.

Lieblingsrezept Nr.
23

GEBRATENER EIERREIS MIT ASIA-GEMÜSE

Zubereitungszeit: 30 Minuten
Garzeit: etwa 11 Minuten

ZUTATEN FÜR 4 PORTIONEN:

- 1 Knoblauchzehe
- 1 daumengroßes Stück Ingwer
- 3 Frühlingszwiebeln
- 200 g Zuckerschoten
- 200 g Basmatireis
- 3 Eier (Größe M)
- 5 EL Sojasauce
- 1 EL Limettensaft
- 400 g Hähnchenbrustfilet-streifen
- 2 EL Speiseöl
- Salz

Pro Portion:

E: 36 g, F: 10 g, Kh: 47 g, kcal: 433

1. Knoblauchzehe abziehen und Ingwer schälen. Knoblauch und Ingwer durch die Knoblauchpresse drücken.

2. Die Frühlingszwiebeln abspülen, abtropfen lassen und schräg in feine Ringe schneiden. Von den Zuckerschoten die Enden abschneiden, evtl. abfädeln. Zuckerschoten abspülen, abtropfen lassen.

3. Basmatireis mit 400 ml Wasser in einem Topf zum Kochen bringen, die Herdplatte ausschalten und den Reis zugedeckt auf der ausgeschalteten Herdplatte quellen und vollständig erkalten lassen. Den Basmatireis mit einer Gabel auflockern.

4. Die Eier in einem Rührbecher aufschlagen. Sojasauce, Ingwer, Knoblauch und Limettensaft hinzugeben und gut mit dem Schneebesen verrühren.

5. Hähnchenbruststreifen mit Küchenpapier abtupfen. 1 Esslöffel Speiseöl in einer tiefen Pfanne erhitzen, die Hähnchenbruststreifen darin bei starker Hitze etwa 3 Minuten von allen Seiten anbraten, dann herausnehmen. Restliches Speiseöl in die Pfanne geben und die Zuckerschoten darin in etwa 1 Minute stark anbraten, dann die Frühlingszwiebelringe hinzugeben und etwa 1 Minuten mitbraten lassen. Zuletzt den Basmatireis hinzufügen und etwa 2 Minuten mitbraten.

6. Die Eiermischung auf dem Gemüsereis verteilen und unter Rühren stocken lassen. Anschließend etwa 4 Minuten braten lassen, dabei immer wieder wenden. Den Bratreis mit Salz abschmecken, auf Tellern verteilen und die Hähnchenbruststreifen darauf anrichten.

Lieblingsrezept Nr.

24

GEORGISCHES KÄSEBROT MIT EI

Zubereitungszeit:
etwa 20 Minuten, ohne Ruhezeit
Backzeit: etwa 20 Minuten
Vegetarisch

ZUTATEN FÜR 4 BROTE

Für den Teig:

- 200 ml Wasser
- 150 ml Buttermilch
- 1 Ei (Größe M)
- 1 EL Salz
- 1/2 EL Zucker
- 2–3 EL Olivenöl
- 1 Pck. Trockenbackhefe
- 575 g Weizenmehl

Für den Belag:

- 5 Eier (Größe M)
- 200 g Fetakäse
- 200 g ger. Edamer
- 200 g ger. Mozzarella
- Salz
- gem. Pfeffer

Pro Brot:

E: 57 g, F: 52 g, Kh: 108 g, kcal: 1132

1. Für den Teig Wasser und Buttermilch in einem Kochtopf erwärmen. Anschließend in eine Rührschüssel geben. 1 Ei, Salz, Zucker, Olivenöl und Trockenbackhefe dazugeben und verrühren. Mehl hinzugeben und mit einem Mixer (Knethaken) in etwa 8 Minuten zu einem geschmeidigen Teig verkneten.

2. Den Teig zugedeckt so lange an einem warmen Ort gehen lassen, bis er sich sichtbar vergrößert hat, etwa 45 Minuten.

3. Den Teig auf eine gut bemehlte Arbeitsfläche geben. Den Teig zusätzlich mit Mehl bestäuben. Mit 2 Teigschabern in 4 gleichgroße Portionen teilen. Die Teigstücke ggf. mithilfe der Teigschaber in ovale Teigstücke formen. Auf einer bemehlten Arbeitsfläche abgedeckt weitere etwa 20 Minuten gehen lassen.

4. In der Zwischenzeit für den Belag 1 Ei in eine Schüssel geben und glatt rühren. Fetakäse in das verrührte Ei bröseln und zusammen mit dem geriebenen Edamer und Mozzarella vermischen.

5. Den Backofen vorheizen.
Ober-/Unterhitze: etwa 230 °C
Heißluft: etwa 210 °C

6. Jeweils 2 Teigstücke nacheinander mit den Teigschabern auf 1 Backblech (mit Backpapier ausgelegt und mit Mehl bestäubt) setzen. Mit den Fingern von innen nach außen zu einem etwa 25 cm große Teigfladen ausstreichen, sodass ein leicht wulstiger Rand stehen bleibt. Die Teigfladen behutsam in eine Schiffchenform ziehen.

7. Die Käse-Ei-Mischung auf den Schiffchen verteilen, dabei den Rand frei lassen. Belegte Schiffchen etwa 10 Minuten gehen lassen und die Backbleche nacheinander (bei Heißluft zusammen) im vorgeheizten Backofen schieben. Die Brote **etwa 15 Minuten vorbacken.**

8. Die Backbleche aus dem Backofen nehmen. Jeweils in die Mitte der Käsemasse mithilfe eines Kochlöffels eine kleine Mulde drücken. In jede Mulde ein Ei schlagen. Die Käsebrote in **etwa 5 Minuten fertig backen.** Das Eiweiß sollte am Ende fest und das Eigelb noch weich bis wachsweich bleiben.

9. Zum Servieren das Ei auf den Broten mit Meersalz und Pfeffer würzen.

TIPP:

Bei Bedarf die Eier mit Frühlingszwiebelscheiben (von einem ½ Bund Frühlingszwiebeln) oder frischem gehackten Dill garnieren.

Lieblingsrezept Nr.
25

GRIECHISCHES RÜHREI

Zubereitungszeit: 20 Minuten
Garzeit: etwa 16 Minuten
Vegetarisch

ZUTATEN FÜR 4 PORTIONEN

1 Zwiebel
1 Knoblauchzehe
je 1 grüne und 1 gelbe Paprikaschote
1 kleines Bund Petersilie
3–4 EL Olivenöl
400 g stückige Tomaten (aus der Dose)
Salz
gem. Pfeffer
1 Prise Zucker
1/2 TL Chilipulver
1/2 TL Oregano, gerebelt
4 Eier (Größe L)
100 g Fetakäse

Pro Portion:

E: 14 g, F: 20 g, Kh: 10 g, kcal: 277

1. Zwiebel und Knoblauch abziehen und in Würfel schneiden. Paprikaschoten halbieren, entstielen, entkernen und die weißen Scheidewände entfernen. Die Paprikahälften abspülen, abtropfen lassen und in Würfel schneiden. Petersilie abspülen, trocken tupfen, die Blättchen von den Stängeln zupfen und die Blättchen fein hacken.

2. Olivenöl in einer Pfanne erhitzen und die Zwiebelwürfel darin etwa 2 Minuten anschwitzen. Paprikawürfel hinzugeben und zusammen mit den Zwiebeln etwa 3 Minuten bei mittlerer Hitze anbraten.

3. Stückige Tomaten dazugeben und für etwa 5 Minuten bei kleiner bis mittlerer Hitze weiterköcheln. Dabei mit Salz, Pfeffer, Zucker, Chilipulver und Oregano würzen. Die Tomaten-Paprika-Masse so lange köcheln lassen, bis der Sud leicht dicklich ist.

4. Mit der Unterseite einer Suppenkelle 4 Mulden in den Sud drücken und die Eier darin aufschlagen. Die Eier etwa 1 Minute in den Mulden stocken lassen. Mit einem Kochlöffel die Eier in kreisenden Bewegungen im Sud verteilen und bei kleiner Hitze etwa 5 Minuten stocken lassen.

5. Fetakäse zerbröseln und zusammen mit der gehackten Petersilie über das Rührei streuen.

TIPP:

Servieren Sie das Rührei zusammen mit Fladenbrot.

Lieblingsrezept Nr.
26

PAPRIKA-OMELETT

Zubereitungszeit: 20 Minuten
Vegetarisch

ZUTATEN FÜR 1–2 PORTIONEN

1 rote Paprikaschote
3 Kirschtomaten
3 Eier (Größe M)
Salz
gem. Pfeffer
1 Prise ger. Muskatnuss
2 EL Olivenöl

Pro Portion:
E: 22 g, F: 36 g, Kh: 8 g, kcal: 445

1. Paprikaschote und Tomaten unter fließendem kaltem Wasser abspülen und abtrocknen. Die Paprikaschote halbieren, entstielen, entkernen und die weißen Seitenwände entfernen. Die Paprikahälften abspülen, abtropfen lassen und in etwa 1 cm große Würfel schneiden. Die Kirschtomaten halbieren.

2. Die Eier einzeln in eine Rührschüssel geben und mit einem Schneebesen in 2–3 Minuten schaumig schlagen. Alles mit Salz, Pfeffer und Muskatnuss würzen.

3. Das Öl in eine beschichtete Pfanne (ø etwa 20 cm) geben und kurz auf mittlerer Stufe erhitzen. Die Eiermischung hineingeben und Paprikawürfel und Tomatenhälften darauf verteilen.

4. Das Omelett bei schwacher Hitze stocken lassen. Sobald das Omelett weitestgehend gestockt ist, das Omelett mithilfe eines großen Pfannenwenders in der Mitte zusammenklappen.

5. Das Omelett behutsam auf einen Teller rutschen lassen.

TIPP:

Frisch gebacken schmeckt es am besten. Je nach Geschmack können weitere Zutaten, wie Zwiebel-, Salami-, Kochschinken-, Pilzwürfelchen, einige Blätter frischer, geputzter und abgespülter Blattspinat, geschnittene Frühlingszwiebeln, gehackte Kräuter oder/und frisch geriebener Käse (z.B. Mozzarella-, Gouda- oder Cheddarkäse) hinzugegeben werden.

Lieblingsrezept Nr.

27

SHAKSHUKA

Zubereitungszeit: 15 Minuten
Garzeit: etwa 35 Minuten
Vegetarisch

ZUTATEN FÜR 2 PORTIONEN

- 6 Knoblauchzehen
- 6 reife Tomaten, etwa 800g
- 2 grüne Pfefferschoten
- 60–80 ml Olivenöl
- 1 TL Paprikapulver, edelsüß
- 1 ½ TL Salz
- gem. Pfeffer
- 4 Eier (Größe M)

Pro Portion:

E: 17 g, F: 41 g, Kh: 15 g, kcal: 515

1. Knoblauch abziehen, in feine Würfel schneiden. Tomaten abspülen, abtropfen lassen, halbieren und die Stängelansätze herausschneiden. Die Tomatenhälften in grobe Würfel schneiden. Pfefferschoten putzen, abspülen, trocken tupfen, entstielen und in Ringe schneiden.

2. Das Olivenöl in einer großen Pfanne erhitzen und die Pfefferschotenringe darin etwa 2 Minuten anbraten.

3. Vorbereiteten Knoblauch und Tomaten dazugeben und etwa 6 Minuten mitkochen. Anschließend die Temperatur reduzieren und das Gemüse köcheln lassen. Dabei hin und wieder umrühren.

4. Paprikapulver hinzugeben und alles mit Salz und Pfeffer würzen. Die Gemüsemasse etwa 20 Minuten bei kleiner bis mittlerer Hitze einkochen lassen. Dabei hin und wieder umrühren. Shakshuka bei Bedarf erneut mit Salz abschmecken.

5. Mit einer Kelle vier Mulden in die Sauce drücken und in jede Mulde vorsichtig ein Ei schlagen. Das Eiweiß behutsam rundherum mit den Zinken einer Gabel mit der Tomatensauce verquirlen und köcheln lassen, bis die Eier stocken. Das Eigelb sollte dabei ganz und noch flüssig bleiben. Shakshuka sofort servieren.

TIPPS:

Shakshuka ist ein klassisches Gericht aus der nordafrikanischen und israelischen Küche.

Optional kann Shakshuka zusätzlich zum Paprikapulver mit ½ Teelöffel Kreuzkümmel und 1 Teelöffel Harissa (afrikanische Gewürzpaste) gewürzt werden.

Kurz vor Ende der Garzeit etwa 50 g Fetakäse über die Shakshuka bröseln.

Für Fleischliebhaber können noch Chorizo- oder Sucukscheiben mit angebraten werden.

Garnieren Sie das Gericht am Ende z.B. mit vorbereiteten Petersilien- oder Korianderblättchen.

Als Beilage zu Schakschuka schmecken einfaches Weiß-, Fladen- oder Pitabrot.

Lieblingsrezept Nr.

28

RÜHREI-VARIATIONEN

Zubereitungszeit: Zubereitungszeit: 10 Minuten
Garzeit: 3–4 Minuten

ZUTATEN FÜR 2 PORTIONEN

- 4 Eier (Größe M)
- 4 EL Milch (3,5 % Fett)
- Salz
- gem. Pfeffer
- ger. Muskatnuss
- 30 g Butter oder Margarine

Pro Portion:
E: 11 g, F: 18 g, Kh: 1 g, kcal: 215

1. Eier mit Milch, Salz, Pfeffer und Muskatnuss in eine Schüssel geben und mit einem Schneebesen kurz verschlagen. Butter oder Margarine in einer großen Pfanne zerlassen. Eiermilch hineingeben und die Kochstelle auf schwache Hitze schalten.

2. Sobald die Masse zu stocken beginnt, sie strichweise mit einem Pfannenwender oder Holzspatel vom Pfannenboden lösen und vom Pfannenrand zur Mitte schieben, bis keine Flüssigkeit mehr vorhanden ist (Garzeit insgesamt 3–4 Minuten).

3. Das Rührei sollte weich, großflockig und nicht trocken sein. Das Rührei sofort servieren.

Rezeptvariante 1:
Für **Rührei mit Schinken**
2–3 Scheiben gekochten Schinken klein schneiden, mit der Eiermilch verrühren.

Rezeptvariante 2:
Für **Mexikanisches Rührei**
1 rote Peperoni längs halbieren, Kerne und weiße Scheidewände entfernen. Peperoni waschen, trocken tupfen und in Streifen schneiden, mit der Eiermilch verrühren.

Rezeptvariante 3:
Für **Indisches Rührei** ½ Teelöffel Currypulver mit der Eiermilch verrühren.

Rezeptvariante 4:
Für **Rührei mit Kräutern** und Knoblauch 1–1½ Esslöffel fein gehackte Kräuter (Schnittlauch, Petersilie) mit 1 abgezogenen, fein gehackten Knoblauchzehe unter die Eiermilch rühren.

Rezeptvariante 5:
Für **Rührei mit Krabben** und Lachs 1 Packung (75 g) Nordsee-Krabben (gekocht und geschält) mit 2–3 Lachsscheiben (in Streifen geschnitten) unter die Eiermilch rühren.

TIPP:

Dazu schmecken Bratkartoffeln und Spinat oder Kartoffelpüree mit Erbsen und Möhren.

Lieblingsrezept Nr.

29

SPARGEL MIT EI

Zubereitungszeit: 60 Minuten
Garzeit: 12–15 Minuten
Vegetarisch

ZUTATEN FÜR 4 PORTIONEN

- 1 kg weißer Spargel
- 1 kg grüner Spargel
- 3 l Wasser
- Salz
- 1 TL Zucker
- 1 TL Butter
- 1 EL Olivenöl
- 8 Eier (Größe M)
- gem. Pfeffer
- grobes Salz
- etwa 8 EL Rotweinessig
- 1 geh. EL körniger Senf
- 1–2 EL flüssiger Honig
- 250 ml Olivenöl
- 1 kleines Bund Schnittlauch

Pro Portion:
E: 21 g, F: 73 g, Kh: 13 g, kcal: 813

1. Spargel abspülen und abtropfen lassen. Den weißen Spargel von oben nach unten schälen. Darauf achten, dass die Schalen vollständig entfernt, die Köpfe aber nicht verletzt werden. Die unteren Enden abschneiden (holzige Stellen vollkommen entfernen). Von dem grünen Spargel nur das untere Drittel schälen und die Enden abschneiden.

2. Wasser mit Salz, Zucker, Butter und Olivenöl in einem hohen Topf zum Kochen bringen. Den weißen Spargel 12–15 Minuten, den grünen 8–10 Minuten darin gar kochen.

3. In der Zwischenzeit Eier in etwa 6 Minuten wachsweich kochen, mit kaltem Wasser abschrecken und pellen.

4. Essig, Senf, Honig und Öl miteinander verrühren und mit Salz und Pfeffer abschmecken. Schnittlauch in feine Röllchen schneiden und unter die Marinade rühren. Den garen Spargel in einem Sieb abtropfen lassen und auf einer vorgewärmten Platte anrichten.

5. 6 Eier grob hacken und sofort auf dem Spargel verteilen. Mit Salz und Pfeffer bestreuen.

6. Schnittlauchmarinade über Spargel und Eier träufeln und servieren.

Lieblingsrezept Nr.

30

TORTILLA

Zubereitungszeit: 40 Minuten, ohne Backzeit
Backzeit: etwa 35 Minuten
Vegetarisch

ZUTATEN FÜR 4–6 PORTIONEN

- 750 g Kartoffeln, vorwiegend festkochend
- 400 g Zucchini
- je 1 rote und gelbe Paprikaschote
- 1 Bund Frühlingszwiebeln
- 4 EL Olivenöl
- Salz
- Cayennepfeffer
- 450 g Crème fraîche
- 75 ml Milch (3,5 % Fett)
- 1 geh. TL Speisestärke
- 6 Eier (Größe M)
- ger. Muskatnuss
- 150 g ger. Käse, z. B. Cheddar, Mozzarella, Edamer
- 1 kleines Bund Petersilie

Pro Portion (bei 6 Portionen):
E: 21 g, F: 46 g, Kh: 28 g, kcal: 607

1. Kartoffeln schälen, abspülen, abtropfen lassen und in dünne Scheiben schneiden. Zucchini putzen, waschen, halbieren und in Scheiben schneiden. Paprikaschoten halbieren, entstielen, entkernen und die weißen Scheidewände entfernen. Schoten abspülen, abtropfen lassen und in Würfel schneiden. Frühlingszwiebeln putzen, waschen und in Ringe schneiden.

2. Den Backofen vorheizen.
Ober-/Unterhitze: etwa 180 °C
Heißluft: etwa 160 °C

3. Olivenöl in einer großen ofenfesten Pfanne (ø ca. 28 cm) erhitzen und das vorbereitete Gemüse darin etwa 10 Minuten bei mittlerer Hitze anschwitzen. Dabei mit Salz und Cayennepfeffer würzen.

4. In der Zwischenzeit 225 g Crème fraîche, Milch, Stärke und Eier in einer ausreichend großen Schüssel miteinander verrühren. Masse mit Salz, Cayennepfeffer und Muskatnuss abschmecken.

5. Gemüsemischung in die Eiermasse geben und untermischen. Geriebenen Käse dazugeben und unterrühren. Jetzt die Masse zurück in die Pfanne geben, glatt streichen und im vorgeheizten Backofen (auf dem Rost, mittlerer Einschub) für **etwa 35 Minuten backen.**

6. Fertig gebackene Tortilla auf ein Brett oder Teller stürzen. Petersilie abspülen, trocken schütteln und hacken. Tortilla in 12 Stücke schneiden. Auf jedes Stück einen Klecks von der restlichen Crème fraîche setzen, mit Petersilie bestreuen und servieren.

Lieblingsrezept Nr.

31

WOLKENEIER (CLOUD EGGS)

Zubereitungszeit: etwa 10 Minuten
Backzeit: 5–7 Minuten
Vegetarisch

ZUTATEN FÜR 4 WOLKENEIER:

4 Eier (Größe M)
1 Prise Salz
gem. Pfeffer

Pro Portion:
E: 7 g, F: 5 g, Kh: 1 g, kcal: 75

1. Den Backofen vorheizen:
Ober-/Unterhitze: etwa 230 °C
Heißluft: nicht empfehlenswert

2. Die Eier sauber trennen und darauf achten, dass das Eigelb nicht beschädigt wird. Hierfür das Eigelb jeweils in einer Eierschalenhälften oder z. B. in einem Eierbecher zwischenlagern.

3. Eiweiß in einer Rührschüssel mit 1 Prise Salz steif schlagen. Steif geschlagenes Eiweiß in 4 Wölkchen auf ein Backblech (mit Backpapier ausgelegt) geben und mit einem Esslöffel in die Mitte jeweils eine kleine Mulde drücken.

4. Das Backblech in den vorgeheizten Backofen schieben. Die Wolkeneier **3–4 Minuten backen.**

5. Das Backblech aus dem Backofen holen und die beiseitegestellten Eigelbe jeweils in eine Mulde geben. Die Wolkeneier **2–3 Minuten fertig backen.**

6. Wolkeneier mit einem Pfannenwender auf Tellern anrichten, mit Salz und Pfeffer würzen und servieren.

TIPPS:

Wolkeneier z. B. mit etwas Paprikapulver und frisch geschnittenem Schnittlauch garnieren.

Wer mehr Geschmack in die Wolkeneier bringen möchte, hebt etwa 100 g Schinkenwürfel, 100 g geriebenen Käse (z. B. Gouda) und 2 Esslöffel frische Schnittlauchröllchen unter das steif geschlagene Eiweiß.

Lieblingsrezept Nr.

32

EIERAUFLAUF (OMELETTE SOUFFLÉE)

Zubereitungszeit: 15 Minuten
Garzeit: 25–30 Minuten

ZUTATEN FÜR 4 PORTIONEN

4 Eigelb (Größe M)
100 g Zucker
4 Eiweiß (Größe M)
20 g Speisestärke
20 g Puderzucker

Pro Portion:

E: 7 g, F: 6 g, Kh: 35 g, kcal: 223

1. Den Backofen vorheizen.
Ober-/Unterhitze: etwa 180 °C
Heißluft: etwa 160 °C

2. Eigelb und Zucker in einer Rührschüssel cremig schlagen. Eiweiß steif schlagen und auf die Eigelbcreme geben. Speisestärke darübersieben und danach alles vorsichtig unter die Eigelbcreme ziehen (nicht rühren).

3. Die Eiermasse in eine flache Auflaufform (gefettet) geben. Die Form auf dem Rost in den vorgeheizten Backofen schieben. Den Eierauflauf **25–30 Minuten backen.**

4. Eierauflauf mit Puderzucker bestäuben und sofort servieren.

TIPPS:

Als Beilage dazu passen frische Himbeeren oder Rote Grütze. Für eine **Rote Grütze** 35 g Speisestärke oder Vanillepuddingpulver mit 80 g Zucker mischen und mit 4 Esslöffeln von 500 ml Fruchtsaft, z. B. Sauerkirsch- oder Johannisbeersaft anrühren. Den restlichen Saft in einem Topf zum Kochen bringen. Die angerührte Speisestärke unterrühren. Den Fruchtsaft unter Rühren aufkochen lassen, dann den Topf von der Kochstelle nehmen. Je 250 g vorbereitete Brombeeren, Johannisbeeren, Himbeeren und Erdbeeren unterrühren. Die Rote Grütze zusammen mit dem Eierauflauf servieren.

Lieblingsrezept Nr.

33

EIERLIKÖR

Zubereitungszeit: 10–15 Minuten
Mit Alkohol

ZUTATEN FÜR ETWA 1 L

6 Eigelb (Größe M)
160 g gesiebter Puderzucker
1 Pck. Vanillin-Zucker
170 ml Kondensmilch (10 % Fett)
500 ml Doppelkorn (38 Vol.-%)

Insgesamt:
E: 32 g, F: 52 g, Kh: 189 g, kcal: 2510

1. Eigelb mit Puderzucker und Vanillin-Zucker mit einem Mixer (Rührstäbe) etwa 5 Minuten aufschlagen, bis eine cremige Masse entstanden ist. Kondensmilch unterschlagen, anschließend Doppelkorn nach und nach unterrühren.

2. Eierlikör in gründlich gereinigte, gespülte Flaschen füllen, fest verschließen und kalt stellen. Likör vor dem Servieren kräftig durchschütteln.

Rezeptvariante:
Für **Egg nogg** (1 Glas) 1 Eigelb mit 2–3 Teelöffeln Puderzucker, 5 cl Weinbrand, 125 ml gekühlte Milch (3,5 % Fett) und einigen Eiswürfeln in einen Shaker geben und kräftig schütteln. Den Drink durch ein Barsieb in ein Longdrinkglas abseihen. Den Drink kurz umrühren. Nach Belieben mit 1 Prise geriebener Muskatnuss bestreuen und mit einem Trinkhalm servieren. Den Milchdrink können Sie auch heiß genießen. Dazu die geschüttelten Zutaten statt mit kalter mit heißer Milch auffüllen und gut verrühren. Mit etwas frisch geriebener Muskatnuss bestreuen. Das heiße Milchgetränk in einem hitzebeständigen Glas/Gefäß servieren.

TIPPS:

Gekühlt hält sich der Eierlikör etwa 14 Tage.

Nur ganz frisches Eigelb verwenden (Legedatum beachten, mind. 23 Tage Resthaltbarkeit).

Lieblingsrezept Nr.
34

EIERPFANNKUCHEN

Zubereitungszeit: 40 Minuten, ohne Teigruhezeit

ZUTATEN FÜR 7 STÜCK

250 g Weizenmehl
4 Eier (Größe M)
1 EL Zucker
1 Prise Salz
375 ml Milch (3,5 % Fett)
125 ml Mineralwasser mit Kohlensäure
etwa 80 g Butterschmalz oder 8 EL Sonnenblumenöl

Pro Stück:

E: 9 g, F: 17 g, Kh: 30 g, kcal: 313

1. Mehl in eine Rührschüssel geben und in die Mitte eine Vertiefung drücken. Eier mit Zucker, 1 Prise Salz, Milch und Mineralwasser verschlagen. Etwas davon in die Vertiefung geben. Von der Mitte aus Eierflüssigkeit und Mehl verrühren. Nach und nach übrige Eierflüssigkeit dazugeben, dabei darauf achten, dass keine Klümpchen entstehen. Den Teig 20–30 Minuten ruhen lassen.

2. Etwas Butterschmalz oder Sonnenblumenöl in einer beschichteten Pfanne (Ø 24 cm) erhitzen und eine dünne Teiglage mit einer drehenden Bewegung gleichmäßig auf dem Boden der Pfanne verteilen. Sobald die Ränder goldgelb sind, den Pfannkuchen vorsichtig mit einem Pfannenwender oder einem Holzspatel wenden oder auf einen Teller gleiten lassen, umgedreht wieder in die Pfanne geben. Die zweite Seite ebenfalls goldgelb backen. Bevor der Pfannkuchen gewendet wird, etwas Fett in die Pfanne geben.

3. Den restlichen Teig auf die gleiche Weise backen, dabei den Teig vor jedem Backen umrühren.

Rezeptvariante:
Für **Crêpes** (8–10 Stück) 100 g Weizenmehl in eine Rührschüssel sieben. 2 Eier (Größe M) mit 250 ml Milch (3,5 % Fett), 1 Esslöffel Zucker und 1 Prise Salz verschlagen. Eiermilch nach und nach unter Rühren zum Mehl gießen. Dabei darauf achten, dass keine Klümpchen entstehen. Den Teig etwa 20 Minuten ruhen lassen. Etwas Butter in der Pfanne zerlassen. Crêpes-Teig gut durchrühren und eine dünne Teiglage gleichmäßig auf dem Boden der Pfanne verteilen. Crêpe von beiden Seiten goldgelb backen und warm stellen. Bevor der Crêpe gewendet wird, etwas Butter in die Pfanne geben.
7–9 weitere Crêpes aus dem Teig zubereiten.

TIPPS:

Pfannkuchen oder Crêpes mit Kompott, Zimt-Zucker, Ahornsirup, Nuss-Nougat-Creme oder Früchten servieren.

Bereits gebackene Pfannkuchen oder Crêpes im Backofen bei Ober-/Unterhitze: etwa 80 °C oder Heißluft: etwa 60 °C warm halten.

Die einzelnen Pfannkuchen oder Crêpes vor dem Stapeln mit wenig Zucker bestreuen. So kleben sie nicht zusammen.

Lieblingsrezept Nr.

35

EIERPUDDING (FLAN)

Zubereitungszeit:
etwa 15 Minuten, ohne Abkühlzeit
Garzeit: etwa 40 Minuten

ZUTATEN FÜR 4 PORTIONEN

Für den Karamell:

100 g Zucker
3 EL Wasser

Für den Eierpudding:

500 ml Milch (3,5 % Fett)
1 Prise Salz
2 TL Vanillearoma oder Mark von ½ Vanilleschote
6 Eier (Größe M)
120 g Zucker

Zusätzlich:

4 Flan-/Souffléförmchen
1 Auflaufform

Pro Portion:

E: 14 g, F: 12 g, Kh: 62 g, kcal: 417

1. Für den Karamell Zucker mit Wasser in einem Topf verrühren und bei mittlerer Hitze langsam karamellisieren lassen. Fängt der flüssige Zucker an leicht braun bis goldgelb zu werden, etwas Wasser hinzugeben. Diesen Vorgang wiederholen (etwa 2–3 Mal), bis man eine leicht dickflüssige Sauce erhält.

2. Die Karamellsauce in die Flan-/Souffléförmchen geben. Die Formen in alle Richtungen drehen, sodass Boden und Rand der Form mit Karamell überzogen sind.

3. Den Backofen vorheizen.
Ober-Unterhitze: etwa 150 °C
Heißluft: nicht empfehlenswert

4. Für den Eierpudding Milch mit Salz, Vanillearoma oder dem ausgekratzten Mark der Vanilleschote aufkochen. Kurz beiseitestellen.

5. Eier mit dem Zucker zu einer schaumigen Masse aufschlagen. Die noch heiße Vanillemilch mit einem Schneebesen nach und nach unter die Eiermasse heben.

6. Eiermilch in den Förmchen verteilen und in die Auflaufform setzen. Die Auflaufform auf einem Rost in den vorgeheizten Backofen (unteres Drittel) schieben. Die Auflaufform mit heißem Wasser bis etwa zur Hälfte der Förmchenhöhe auffüllen.

7. Den Pudding **etwa 40 Minuten garen.** Um sicher zu gehen, dass der Eierpudding wirklich gar ist, eine Stäbchenprobe machen. Hierfür ein schmales Holzstäbchen am höchsten Punkt des Puddings ungefähr bis zur Mitte einstechen. Wenn beim Herausziehen noch Puddingmasse am Stäbchen bleibt, ist der Pudding noch nicht gar und benötigt etwas mehr Zeit im Backofen.

8. Den garen Eierpudding gut abkühlen lassen. Am besten über Nacht im Kühlschrank auskühlen lassen. So kann der Karamellgeschmack den Pudding noch besser aromatisieren.

9. Zum Servieren den Pudding mit einem kleinen Messerchen am Rand leicht lösen und auf einen Teller stürzen. Die restliche Karamellsauce aus der Form über den Pudding laufen lassen.

TIPPS:

Der Eierpudding hält sich ungestürzt im Kühlschrank etwa 3 Tage.

Den Pudding pur oder z. B. mit Butter- oder Spekulatiuskeksen genießen.

Lieblingsrezept Nr.

36

EIERSCHECKE

Zubereitungszeit:
40 Minuten, ohne Abkühlzeit
Teiggeh-/Ruhezeit:
etwa 30 Minuten
Backzeit: etwa 30 Minuten

ZUTATEN FÜR 48 STÜCKE

Für den Quarkbelag:

1 Pck. Pudding-Pulver Vanille-Geschmack
40 g Zucker
500 ml Milch (3,5 % Fett)

Für den Hefeteig:

75 ml Milch (3,5 % Fett)
70 g Butter oder Margarine
200 g Weizenmehl
1 Pck. Trockenbackhefe
30 g Zucker
1 Pck. Vanillin-Zucker
1 Prise Salz
1 Ei (Größe M)
500 g Magerquark
65 g Rosinen

Für die Eiercreme:

4 Eiweiß (Größe M)
125 g Butter (zimmerwarm)
125 g Zucker
4 Eigelb (Größe M)
15 g Speisestärke

Pro Stück:

E: 3 g, F: 4 g, Kh: 10 g, kcal: 93

1. Für den Quarkbelag aus Pudding-Pulver, Zucker und Milch nach Packungsanleitung einen Pudding kochen. Den Pudding in eine Schüssel geben, Frischhaltefolie direkt auf die Oberfläche legen, damit sich keine Haut bildet, Den Pudding erkalten lassen.

2. Für den Teig Milch in einem kleinen Topf erwärmen und die Butter oder Margarine darin zerlassen. Mehl in eine Rührschüssel geben und mit der Trockenbackhefe sorgfältig vermischen. Zucker, Vanillin-Zucker, 1 Prise Salz, Ei und die warme Milch-Fett-Mischung hinzufügen.

3. Die Zutaten mit einem Mixer (Knethaken) zunächst kurz auf niedrigster, dann auf höchster Stufe in etwa 5 Minuten zu einem glatten Teig verarbeiten. Den Teig zugedeckt so lange an einem warmen Ort gehen lassen, bis er sich sichtbar vergrößert hat, etwa 30 Minuten.

4. Den Backofen vorheizen.
Ober-/Unterhitze: etwa 180 °C
Heißluft: etwa 160 °C

5. Quark und Rosinen unter den erkalteten Pudding rühren. Den gegangenen Teig leicht mit Mehl bestäuben, aus der Schüssel nehmen und auf der leicht bemehlten Arbeitsfläche nochmals kurz durchkneten. Den Teig auf einem Backblech (30 x 40 cm, gefettet) ausrollen. Den Quarkbelag gleichmäßig auf den Teig streichen.

6. Für die Eiercreme Eiweiß steif schlagen. Butter mit dem Mixer (Rührstäbe) geschmeidig rühren. Nach und nach den Zucker unterrühren. Eigelb nach und nach unterrühren. Eischnee auf die Eigelbmasse geben, Speisestärke darübersieben und beides vorsichtig unterheben.

7. Die Eiercreme vorsichtig auf dem Quarkbelag verteilen, glatt streichen und das Backblech in den vorgeheizten Backofen schieben. Den Kuchen **etwa 30 Minuten backen.**

8. Das Backblech auf einen Kuchenrost stellen und den Kuchen darauf erkalten lassen.

9. Den Kuchen in 5 x 5 cm große Stücke schneiden.

Lieblingsrezept Nr.
37

KAISERSCHMARREN

Zubereitungszeit: etwa 30 Minuten

ZUTATEN FÜR 2 PORTIONEN

4 Eier (Größe M)
100 g Weizenmehl
1 Prise Salz
1 Pck. Vanillin-Zucker
200 g Schlagsahne (mind. 30 % Fett) oder 200 ml Milch (3,5 % Fett)
50 g Rosinen
etwa 50 g Butterschmalz oder 4 EL Sonnenblumenöl
Puderzucker

Pro Portion:

E: 22 g, F: 52 g, Kh: 70 g, kcal: 854

1. Eier trennen. Eiweiß steif schlagen. Eigelb mit Mehl, 1 Prise Salz, Vanillin-Zucker, Sahne oder Milch in eine Rührschüssel geben und mit einem Mixer (Rührstäbe) zu einem glatten Teig verrühren. Eischnee und Rosinen unterheben.

2. Etwas Butterschmalz oder Sonnenblumenöl in einer Pfanne (Ø 28 cm) erhitzen. Die Hälfte des Teiges hineingeben und bei mittlerer Hitze auf der Unterseite hellgelb backen. Den an der Oberfläche noch etwas „flüssigen“ Teig mit 2 Pfannenwendern zuerst vierteln, dann wenden und goldgelb backen, evtl. noch etwas Fett in die Pfanne geben.

3. Dann den Schmarren mit 2 Pfannen wendern in kleine Stücke reißen, auf einem Teller anrichten und warm stellen. Den restlichen Teig auf die gleiche Weise zubereiten. Den Kaiserschmarren mit Puderzucker bestreut servieren.

Rezeptvariante:
Für **Kaiserschmarren mit Apfel und Sauerkirschen** nur 150 g Schlagsahne oder 150 ml Milch verwenden und statt der Rosinen einen geriebenen Apfel und 75 g getrocknete Sauerkirschen unter den Teig heben und den Kaiserschmarren wie im Rezept beschrieben zubereiten.

TIPPS:

Den Kaiserschmarren als süßes Hauptgericht für 2 oder als Dessert für 4 Portionen servieren.

Pflaumenkompott dazureichenund mit Melisseblättchen anrichten.

Sie können die Rosinen vor der Verwendung in 1–2 Esslöffeln erwärmten, braunen Rum geben und etwa 30 Minuten durchziehen lassen. Die Rosinen (mit dem Rum) wie im Rezept angegeben unter den Teig geben.

Lieblingsrezept Nr.

38

PAVLOVAS MIT HEIDELBEEREN

Zubereitungszeit: 55 Minuten, ohne Abkühlzeit
Trockenzeit: etwa 90 Minuten

ZUTATEN FÜR 4 STÜCK

Für die Pavlovas:

- 50 g Zartbitter-Schokolade (etwa 50 % Kakaoanteil)
- 2 Eiweiß (Größe M)
- 1 Prise Salz
- 50 g Zucker
- 1 TL Weißweinessig
- 50 g Puderzucker
- 2 TL Speisestärke
- 40 g gehackte Pistazienkerne

Für die Füllung:

- 175 g Mascarpone (ital. Frischkäse)
- 175 g Magerquark
- Mark von 1/2 Vanilleschote
- 100 g Lemon Curd (aus dem Glas)
- 175 g Heidelbeeren

Pro Portion:

E: 13 g, F: 30 g, Kh: 54 g, kcal: 544

1. Schokolade in kleine Stücke brechen und im Wasserbad unter Rühren schmelzen.

2. Eiweiß mit 1 Prise Salz mit dem Mixer (Rührstäbe) steif schlagen. Zucker nach und nach einrieseln lassen. Essig hinzufügen und so lange weiterschlagen, bis sich der Zucker gelöst hat und die Eischneemasse schön glänzt. Puderzucker mit Speisestärke mischen, auf den Eischnee sieben und gleichmäßig unterheben. Geschmolzene Schokolade und zwei Drittel der Pistazienkerne ebenfalls unterheben. Der Teig sollte am Ende leicht marmoriert sein.

3. Den Backofen vorheizen.
Ober-/Unterhitze: etwa 100 °C
Heißluft: etwa 80 °C

4. Die Eiweißmasse in 4 Portionen teilen, jeweils mit einem Esslöffel auf ein Backblech (mit Backpapier belegt) geben und insgesamt 4 runde Pavlovas formen. In die Mitte jeweils eine kleine Mulde drücken.

5. Das Backblech in den vorgeheizten Backofen (unteres Drittel) schieben. Die Pavlovas bei leicht geöffneter Backofentür etwa 90 Minuten trocknen lassen. Die Pavlovas sollten außen angetrocknet und im Inneren noch weich sein.

6. Die Pavlovas mit dem Backpapier vom Backblech auf einen Kuchenrost ziehen und erkalten lassen.

7. In der Zwischenzeit Mascarpone mit Quark, Vanillemark und Lemon Curd glatt rühren und in den Kühlschrank stellen.

8. Heidelbeeren verlesen, kurz abspülen und trocken tupfen.

9. Zum Servieren die Mascarpone-Quark-Creme auf den Pavlovas verteilen und die Heidelbeeren daraufgeben. Mit den restlichen Pistazienkernen bestreuen und sofort servieren.

TIPP:

Anstelle der Heidelbeeren kann man auch die gleiche Menge Brombeeren verwenden.

Lieblingsrezept Nr.

39

SOUFFLÉ

Zubereitungszeit: etwa 25 Minuten
Backzeit: etwa 20 Minuten

ZUTATEN FÜR 4 PORTIONEN

200 ml Milch (3,5 % Fett)
1 Bio-Zitrone (unbehandelt, ungewachst)
1 Bio-Orange (unbehandelt, ungewachst)
½ Vanilleschote
etwas Butter (zimmerwarm) und Zucker für die Form
50 g Butter
50 g Weizenmehl
4 Eier (Größe M)
1 Prise Salz
75 g Zucker

Zusätzlich:

4 Souffléförmchen (200 ml Inhalt)
Puderzucker

Pro Portion:

E: 10 g, F: 17 g, Kh: 34 g, kcal: 329

1. Milch in einen Topf geben. Die Zitrone und die Orangenheiß abwaschen, abtrocknen, die Schale dünn abreiben und in die Milch geben. Die Vanilleschote längs aufschneiden, das Mark mit dem Messerrücken herauskratzen und Vanillemark und -schote hinzufügen.

2. Topf auf den Herd stellen, einmal aufkochen, beiseitestellen und abkühlen lassen. Die Förmchen mit weicher Butter ausstreichen, mit Zucker ausstreuen und in den Kühlschrank stellen.

3. Den Backofen vorheizen.
Ober-/Unterhitze: etwa 200 °C
Heißluft: nicht empfehlenswert

4. Abgekühlte Vanillemilch durch ein Sieb gießen. Butter in einem kleinen Topf zerlassen, das Mehl einstreuen und mit einem Schneebesen unterrühren. Die Vanillemilch nach und nach zur Mehlschwitze gießen, dabei zügig weiterrühren und etwa 1½ Minuten weiter köcheln lassen.

5. Die Masse in eine Schüssel umfüllen. Eier trennen und die Eigelbe nacheinander mit der Masse verrühren. Das Eiweiß mit einem Mixer (Rührstäbe) und Salz steif schlagen, dabei den Zucker nach und nach einrieseln lassen.

6. Den Eischnee behutsam in 2–3 Portionen mit einem Teigschaber unter die Eigelbmasse heben. Die Souffémasse bis kurz unter den Rand in die Förmchen füllen und auf einem Rost (untere Einschubleiste) im vorgeheizten Ofen **etwa 20 Minuten backen.**

7. Das Soufflé aus dem Ofen nehmen, mit Puderzucker bestäuben und rasch servieren.

TIPP:

Das Soufflé z. B. mit Himbeersauce servieren. Dafür 150 g frische oder angetaute TK-Himbeeren mit 80 g Zucker in einem Topf unter gelegentlichem Rühren aufkochen. Himbeeren durch ein Sieb passieren, mit 1 Spritzer Zitronensaft sowie 100 g frischen oder angetauten TK-Himbeeren verrühren und mit dem Soufflé servieren.

Lieblingsrezept Nr.

40

ALPHABETISCHES REGISTER

KAPITELREGISTER

HINTER JEDEM TOLLEN BUCH STECKT EIN STARKES TEAM

Projektleitung: *Karin Boonk*
Lektorat: *Regina Rautenberg, Nützen*
Rezeptentwicklung: *Olaf Brummel, Steinhagen*
Nährwertberechnungen: *Nutri Service, Hennef; Angelika Ilies, Langen*
Gestaltungskonzept: *seidldesign.com, Wolfgang Seidl, Stuttgart*
Satz: *MDH Haselhorst, Bielefeld*
Titelgestaltung: *Büro 18, Friedberg*
Herstellung: *Frank Jansen*
Producing: *Jan Russok*
Druck & Bindung: *optimal media GmbH, Röbel*

UNSER VERLAGSHAUS

Mit Standorten in München, Hamburg und Berlin zählt die Edel Verlagsgruppe zu den größten unabhängigen Buchanbietern Deutschlands. Zur Edel Verlagsgruppe gehört unter anderem ZS mit seinen Lizenzmarken Dr. Oetker Verlag, Kochen & Genießen und Phaidon by ZS.

Die Bücher und E-Books unter der Marke Dr. Oetker Verlag erscheinen als Lizenz in der Edel Verlagsgruppe GmbH
www.oetker-verlag.de
www.facebook.com/Dr.OetkerVerlag
www.instagram.com/Dr.OetkerVerlag

LIEBE LESERINNEN, LIEBE LESER,

seit 130 Jahren gibt es Dr. Oetker Bücher, viele davon sind seit Jahrzehnten im Programm. Mit jedem Buch, mit jeder Aktualisierung eines unserer Klassiker erfinden wir uns neu. Was bleibt, ist immer der Kern unserer Bücher: praktisch müssen sie sein und funktionieren muss alles. Gerne auch mal den einen oder anderen Kniff anbieten, den Sie vielleicht noch nicht kannten. Deshalb kommen Ihnen die Dr. Oetker Bücher so modern und frisch und doch so vertraut vor.

Viel Spaß und viel Erfolg wünschen wir Ihnen
auch mit diesem Buch.
Ihre Dr. Oetker Verlagsredaktion

1. Auflage 2022

Kaiserstraße 14 b
D–80801 München
ISBN: 978-3-7670-1851-8

BILDNACHWEIS

Titelfoto:
StockFood / Bischof, Harry

Foodfotografie:
Studio Diercks Media GmbH
(Kai Boxhammer, Silje Paul), Hamburg: 7, 13, 15, 17, 19, 21, 29, 33, 35, 37, 45, 49, 51, 55, 57, 61, 65, 69, 71, 77
Kramp+Gölling, Reeßum: S. 9, 41, 67, 75, 79
Anke Politt, Hamburg: S. 31
Antje Plewinski, Berlin: S. 11, 23, 39, 63
StockFood Studios/ Andreas Hantschke: S. 59
Melanie Zanin Düsseldorf: S. 83